绿色金融丛书
Green Finance Series

绿色金融与普惠金融融合发展：政策、标准与实践研究

中国农业银行绿色金融研究院◎编

中国金融出版社

责任编辑：黄海清
责任校对：孙　蕊
责任印制：丁淮宾

图书在版编目（CIP）数据

绿色金融与普惠金融融合发展：政策、标准与实践研究／中国农业银行绿色金融研究院编. -- 北京：中国金融出版社，2024. 11. --（绿色金融丛书）. -- ISBN 978 - 7 - 5220 - 2593 - 3

Ⅰ. F832

中国国家版本馆 CIP 数据核字第 20249NJ528 号

绿色金融与普惠金融融合发展：政策、标准与实践研究
LÜSE JINRONG YU PUHUI JINRONG RONGHE FAZHAN：ZHENGCE，BIAOZHUN YU SHIJIAN YANJIU

出版
发行　**中国金融出版社**

社址　北京市丰台区益泽路 2 号
市场开发部　（010）66024766，63805472，63439533（传真）
网 上 书 店　www. cfph. cn
　　　　　　　（010）66024766，63372837（传真）
读者服务部　（010）66070833，62568380
邮编　100071
经销　新华书店
印刷　保利达印务有限公司
尺寸　169 毫米 ×239 毫米
印张　9. 75
字数　121 千
版次　2024 年 11 月第 1 版
印次　2024 年 11 月第 1 次印刷
定价　45. 00 元
ISBN 978 - 7 - 5220 - 2593 - 3
如出现印装错误本社负责调换　联系电话（010）63263947

序

　　我国已经建成了全球最大的绿色信贷市场和全球领先的绿色债券市场，支持了新能源、电动车等产业的高速发展。同时，我国金融包容性显著增强，普惠金融的覆盖率、可得性、满意度大幅提升，部分指标已居于中高收入经济体的前列。自 2023 年中央金融工作会议明确提出做好科技金融、绿色金融、普惠金融、养老金融、数字金融五篇大文章之后，我国绿色金融与普惠金融的顶层设计、标准体系及金融市场进一步发展。2024 年 7 月，《中共中央　国务院关于加快经济社会发展全面绿色转型的意见》出台，布局完善绿色转型金融工具等政策体系，部署加快经济社会发展全面绿色转型工作。

　　绿色金融与普惠金融的融合发展需要更多关注。虽然我国在绿色金融与普惠金融领域都取得了长足进展，但绿色金融还不够普惠，普惠金融也不够绿色。目前，绿色金融业务主要聚焦在绿色能源、绿色交通、绿色建筑、环保设施等大中型项目上，涉及主体主要是以央企、国企为主的大中型企业，而小微企业参与度比较有限。根据调研结果，地方小银行绿色信贷的比例相对较低，有些低至 1% 左右，而绿色金融表现优异的大中型银行的绿色信贷占比超过 20%。导致小银行绿色信贷占比低的原因很复杂，包括普惠主体参与绿色项目程度较低、绿色普惠界定标准不明确、小微企业披露能力较弱、缺乏针对小微企业和农户绿色化的激励机制和金融产品等。

　　中国人民银行重视绿色金融与普惠金融的有效协同，鼓励绿色金融改革创新试验区等率先探索金融支持绿色小微或绿色农业发展。为促进绿色金融与普惠金融融合发展，中国金融学会绿色金融专业委员会在 2023 年初成立了"绿色普惠融合发展工作组"，由中国农业银行牵头，成员包括监管机构、金融同业、科研院所、咨询机构等在内的 45 家单位，从理论和实践层面对绿色和普惠金融的融合发展进行了联合研究。

　　中国农业银行的三大战略包含"三农"普惠与绿色金融，在金融服务普惠主体绿色发展中，尤其是将绿色信贷下沉到"三农"领域方面已开展有益探索。由中国农业银行绿色金融研究院编写的《绿色金融与普惠金融融合发展：政策、标准与实践研究》一书，以全面的视角、深入的分析和丰富的实践案例，为我们展示了绿色金融与普惠金融融合发展的可行路径。本书不仅为学术界提供了深入研究的素材，也为政策制定者、金融机构从业者及所有关心可持续发展事业的读者提供了宝贵的参考与启示。我向关注绿色金融与普惠金融融合发展的各位业界人士推荐此书。

马骏

中国金融学会绿色金融专业委员会主任

北京绿色金融与可持续发展研究院院长

前　　言

2022 年 2 月，习近平总书记主持召开的中央全面深化改革委员会第二十四次会议审议通过了《国务院关于推进普惠金融高质量发展的实施意见》，提出促进普惠金融和绿色金融、科创金融等融合发展，提升政策精准度和有效性。2023 年中央金融工作会议强调，要把更多金融资源用于绿色发展和中小微企业等重点领域，做好科技金融、绿色金融、普惠金融、养老金融、数字金融五篇大文章。普惠主体在经济社会结构中数量占比大、行业涉及多，但绿色发展动力小、融资方式少。绿色金融和普惠金融融合发展关乎《巴黎协定》的落实与联合国可持续目标的实现，是新时期金融系统服务实体经济、履行社会责任的内在要求。

国际可持续金融的快速发展，以及我国普惠金融、绿色金融的深入推广，为两者融合发展奠定了良好基础。国际上，可持续金融包含绿色金融与普惠金融"双重"要素，且相关市场持续发展。根据全球市场观察（Global Market Insights，GMI）分析，截至 2023 年末，全球可持续金融市场规模为 5.4 万亿美元，且 2024—2032 年将以 22% 的复合年均增长率不断增加[①]。在我国，普惠金融助力小微企业、"三农"领域、脱贫攻坚等方面取得积极进展，更多金融资源配

---

① Global Market Insights（GMI）. Sustainable Finance Market Size ［EB/OL］.（2024 - 06）［2024 - 07 - 11］. https：//www. gminsights. com/industry - analysis/sustainable - finance - market.

置到经济社会发展的重点领域和薄弱环节；同时，绿色金融在"自上而下"的政策引领与"自下而上"的市场实践中，成为我国金融供给侧结构性改革的重要组成部分。尽管绿色金融与普惠金融侧重点有所不同，但其关联度在不断深化发展中越发紧密，且两者的发展目标与服务模式存在协同效应。

为了更好地促进绿色金融和普惠金融融合发展，本书按照背景概述、现状综述、标准研制、服务方案设计、难点分析及建议制定的思路分6章展开。

第1章介绍了绿色金融、普惠金融融合发展的基本概念与重点关注事项。本书认为，绿色普惠融合发展是指在立足机会平等的基础上，通过金融资源引导小微企业、农户等普惠对象践行绿色低碳生产生活方式，同时在商业可持续原则下，不断提升为支持环境改善、应对气候变化和资源节约高效利用的经济活动所提供的金融服务的覆盖面和份额。

在推进两者融合发展过程中，需要关注如下关键事项：一是关注绿色金融与普惠金融两者的内在一致性。绿色金融与普惠金融是可持续发展目标和我国新发展理念的不同视角的体现，其内在具有一致性。二是需要关注绿色金融与普惠金融两者的协同性。普惠侧重公平性和覆盖面，绿色重视发展质量，在金融资源有限的情况下可能存在"挤出效应"，亟须协同促进特定普惠对象高质量发展。三是两者融合发展需要聚焦推进小微企业、个体工商户、农户等普惠对象绿色化。我国绿色金融以资金用途进行界定，普惠金融以资金投向的主体进行界定，故两者应融合以引导更多的普惠对象转向绿色低碳发展。四是两者融合发展需要分类差异化推进。对于小型企业中相对具有一定规模的企业，应重点关注其环境效益，引导使用绿色生产方式；对于微型企业和农户等对象，应侧重解决其融资难问题，引导加强环境风险管理。五是在政策引导下加强金融创新是推进绿色普惠发展的重要抓手。如在现有的普惠贷款中加强对既有绿色场景的挖掘，引导更多的普惠对象关注和践行绿色发展等。

第 2 章梳理了国内外金融支持普惠主体绿色发展的标准与政策情况，发现国内外不乏支持可持续领域的政策标准，但聚焦两者融合发展的政策标准尚待加强。国际上，相关标准多为指引性文件，而非规范性标准，且主要关注重点是小微企业与农业的绿色发展。相关政策大致可分为三类，按照与"绿色普惠金融"的关联程度由大到小分别为"绿色普惠金融"专项政策，可持续金融、绿色金融、普惠金融类政策，国际平台推出的可持续发展相关政策。在我国，目前绿色普惠融合相关标准只有少数区域性的探索，大体可分为以主体或行为为判断依据的两类标准，代表地区为浙江省与贵州省。此外，已有少数地区推出专项政策，涉及"三农"绿色发展、碳普惠等相关议题。同时，本书从市场概况、地方实践、金融机构实践三个方面介绍了我国金融服务普惠主体绿色发展的实践情况，重点分析了山东省与浙江省的亮点举措及借鉴意义，并结合具体案例从战略目标、治理体系、管理流程、产品及服务、科技赋能等维度梳理了金融机构实践经验。

第 3 章以小微企业为核心主体，探索研制了绿色金融和普惠金融融合标准。本书确立了"环境目标与普惠目标的实质性贡献原则、无重大损害原则、最大效用原则"三大重要原则后，创新提出了绿色普惠融合业务认定的"三步法"，即依次进行普惠类型判断、普惠主体绿色属性判断、融资用途绿色属性判断，按照"先普惠再绿色、先主体再行为"的思路制定绿色普惠金融标准，并对认定流程可能出现的偏误进行了解释与修正。

关于小微企业绿色主体类标准，本书提供了"五者选其一"的认定方法。一是权威认定法，即被有关政府部门评定为"绿色企业"的企业可以直接认定为绿色小微企业。二是第三方认定法，即被符合资质的第三方鉴定机构认定为"绿色企业"可直接认定为绿色小微企业。三是绿色收入占比法，即与"绿色企业"交易额占企业总收入比重超 90% 的可直接认定为绿色小微企业。四是减排成效法，同时符合以下条件的可考虑认定为绿色小微企业：废水、废气、废料处理达标，月平均用水量、用电量、用气量占增加值的比重优于全国或该区域的行业平均水平等。五是 ESG 评价法，即推荐条件成熟的地区或金融机构探索应用主体 ESG 评价结果对小微企业进行绿色认定。

关于小微企业绿色行为类标准，本书在《绿色债券支持项目目录（2021 年版）》《绿色低碳转型产业指导目录（2024 年版）》等标准的基础上，研制了绿色普惠融合支持工业类小微企业绿色行为的标准，包括原材料清洁高效利用、生产设备提质增效、生产过程节能降碳、基础设施建设、产品绿色流通、小微企业入园、绿色供应链七大类场景。

第 4 章分析了碳纤维复合材料行业、海洋装备制造行业、电子元器件与机电组件设备制造行业和零售行业四个行业的绿色融资场景及模式，基于小微企业的融资特点提供了可供金融机构选择的二十余种金融产品创新方案，并提炼了三种金融机构可应用的金融科技服务方式，分别聚焦流贷智能认定、碳普惠平台、主体 ESG 评价系统，以支持金融机构更好地推动相关业务落地。此外，本书还对普惠个体的绿色融资场景及模式进行了分析。

第 5 章分析得出两者融合发展的难点问题，具体包括符合普惠对象经营特性的绿色标准不明确，绿色金融、普惠金融的财政和货币激励政策缺乏有效的协调和衔接，绿色普惠领域信息不对称问题突出，金融机构支持绿色金融、普惠金融融合发展的能力有待提高，金融机构业务创新不足，以及普惠主体发展的有效需求不足等。基于此，本书提出系统性的优化建议。

第 6 章为拓展章节，汇编了我国地方政府、国内外金融机构在普惠金融和绿色金融融合发展方面有代表性的实践案例，供相关方参考。本书认为，绿色普惠金融的发展需要多方协同，加快推进绿色普惠融合活动的界定范畴、发展路径、激励约束政策、产品创新等工作。对此，本书提出以下建议。

一是建议产业部门加强对普惠对象绿色低碳发展的引导，确定普惠主体的绿色低碳发展路径，提供普惠主体绿色化发展的示范模式与案例，加强宣传教育和能力建设；提供对绿色普惠融合发展的信息支持，联动建立绿色对象认定的信息共享机制，统计并公开小微企业（分行业）碳排放水平数据。

二是建议金融管理部门推进绿色普惠金融界定标准与统计标准建设，探索主体及项目活动双维度的认定模式；建立绿色普惠金融激励机制，促进现有货币政策工具的双向倾斜，将普惠金融要素纳入绿色金融评价体系；支持绿色普惠金融试点和创新，鼓励在国家绿色金融改革创新试验区、国家普惠金融改革试验区及国家小微金融改革试验区等区域优先开展绿色金融与普惠金融融合发展试点。

三是建议地方政府推进绿色普惠金融先行先试，建立绿色普惠金融工作机制，培育绿色普惠金融市场主体，探索绿色普惠标准建设；开发支持绿色普惠发展的工具，建设小微企业碳核算平台与融资对接平台，支持绿色流动资金贷款认定和 ESG 评价；建立支持绿色普惠发展的政策和激励机制，把握生产要素长效激励与政策性担保支持。

四是建议金融机构创新绿色普惠金融产品与服务，重点关注绿色供应链、流动资金、小微企业集中入园等场景，以及抵押担保、绿色主体认定等方式。加强风险管理，重点考量绿色普惠金融客户生产经营过程的风险、绿色普惠金融业务的气候风险、普惠对象"洗绿"行为的风险；完善内部激励约束机制建设，适当探索降低绿色普惠资产风险权重。

五是建议小微企业关注绿色普惠金融发展趋势，提升对绿色普惠融合发展的理解认识；提升高品质产品研发能力，尤其是耐高温耐干旱的农产品与符合日趋严格的绿色、可持续、循环要素标准的出口型产品，增强碳减排战略执行能力。

目　　录

第1章 绿色金融与普惠金融
融合发展概述

在可持续发展理念的引导下，近年来，绿色金融与普惠金融都经历了快速发展，推广范围与实践深度不断拓展。绿色金融暂无全球统一定义，侧重气候变化、污染治理和节能减排。普惠金融的国内外理解相对一致，侧重金融服务的公正性与可得性等。尽管绿色金融与普惠金融侧重点有所不同，但其发展目标与服务模式却存在协同效应。

本章系统梳理了绿色金融与普惠金融的内涵、特点，分析了二者融合发展的必然性，阐释了绿色金融和普惠金融融合发展的内涵及关键事项，并介绍了商业银行发展绿色普惠金融的内在动力，以期为下文探讨绿色普惠融合发展需求与模式奠定基础。

1.1 绿色金融与普惠金融融合发展具有重要意义

绿色金融与普惠金融融合发展有助于我国更好地适应及引领全球可持续金融发展趋势。近年来，全球气候变化和环境污染等环境问题逐渐凸显，可持续发展相关议题日益受到国际社会的重视，可持续金融也成为全球金融发展的重要趋势。2021年，中国人民银行和美国财政部牵头成立二十国集团（G20）可持续金融工作组；2022年11月，G20领导人峰会批准了G20可持续金融工作组提交的《2022年G20可持续金融报告》，其中包括《G20转型金融框架》等重要内容，标志着全球金融监管机构全面探讨落实低碳、可持续金融激励政策和监管措施。

绿色金融与普惠金融融合发展有助于更好地支持我国新时期发展目标。在新的发展阶段，我国将把新发展理念贯穿发展全过程和各领域，推动质量变革、效率变革、动力变革，这也对我国的经济发展提出了新要求。绿色金融要求在投融资决策中考虑潜在的环境影响和环境效益。普惠金融立足机会平等要求和商业可持续原则，以可负担的成本为有金融服务需求的社会各阶层和群体提供适当、有效的金融服务。两者融合发展有助于实现更高质量、更有效率、更加公平、更可持续、更为安全的发展，推动实现我国新时期发展目标。

绿色金融与普惠金融融合发展有助于更好地深化绿色低碳转型发展。自"双碳"目标提出以来，能源、化工、建材等行业一直是我国低碳转型的关键领域。由于行业特性，这些行业通常以大中型央企和国企为主导，在绿色发展方面取得了显著成就。当前，我国绿色低碳发展已进入攻坚期和深水期，但绿色普惠融合发展尚处在探索实践阶段，绿色金融对小微企业、农户等普惠对象覆盖率较低。在 OECD 的一项调查中，近 70% 的中小企业表示需要额外资金来采取气候行动或加快减排进程①。在新的征程上，绿色金融与普惠金融的融合发展，将有助于持续通过绿色金融引流"精准滴灌"普惠对象，引导普惠群体可持续绿色发展。

1.2 绿色金融的内涵与特点

相比于绿色金融（Green Finance），国际上更多地使用可持续金融（Sustainable Finance）的概念。可持续金融来源于可持续发展。1987 年，联合国在《我们共同的未来》报告中正式定义了可持续发展概念，提出可持续发展是指既能满足当代人的需要，又不对后代人满足其需要的能力构成

① OECD. Financing SMEs for Sustainability – Financial Institution Strategies and Approaches［R］. 2023.

危害的发展①。1992 年，里约联合国环境与发展大会通过《里约环境与发展宣言》和《21 世纪议程》，可持续发展在国际组织的推动下逐步成为全球共识。

目前，可持续金融尚未在国际上形成统一的定义（见表 1 - 1）。联合国环境规划署（UNEP）在 2016 年《可持续金融体系的设计》中，对可持续金融、绿色金融、气候金融等概念进行了比较，认为可持续金融的概念最具包容性，包括广泛的环境、社会、经济和治理相关的内容②。G20 在 2018 年发布的《可持续金融综合报告》中，将可持续金融定义为通过直接和间接的方式支持可持续发展目标（SDGs）框架，推动实现强劲、可持续、平衡和包容性增长的融资及相关的制度和市场安排③。国际货币基金组织（IMF）在 2019 年发布的《全球金融稳定报告》中指出，可持续金融是将环境、社会和治理（ESG）原则纳入商业决策、经济发展和投资战略④⑤。国际资本市场协会（ICMA）在 2020 年发布的《可持续金融概要释义》中，指出可持续金融包括气候、绿色和社会责任金融，考虑被融资机构长期经济发展的可持续性，以及整个金融体系的作用及运行稳定性等更广泛的内容⑥。

除了国际组织外，许多国家及地区的政府部门也对可持续金融进行了定义。瑞士联邦环境办公室（FOEN）在 2014 年发布的《瑞士"绿色"金融市场概述》中，将可持续金融定义为在整个风险管理和决策过程中考虑环境、社会和治理因素，为促进负责任投资而提供的金融产品和服务，目

---

①　World Commission on Environment and Development. Our Common Future ［R］. Oxford Univ Pr, 1987.

②　Maya Forstater, Naurin Nuohan Zhang. Design of a Sustainable Financial System ［R］. The United Nations Environment Programme, 2016.

③　G20 Sustainable Finance Study Group. Sustainable Finance Synthesis Report ［R］. G20, 2018.

④　International Monetary Fund. Global Financial Stability Report：Lower for Longer ［R］. Washington, DC, 2019.

⑤　李艺轩，宋亚楠，张陈茜. 可持续金融分类标准建设的比较分析 ［J］. 金融纵横，2023（7）.

⑥　International Capital Market Association. Sustainable Finance：High - level Definitions ［R］. Zurich, 2020.

标是产生积极的环境、社会和治理影响①。欧盟在 2018 年发布的《可持续增长融资行动计划》中认为，可持续金融一般是指通过在投资决策过程中适当考虑环境、社会和治理因素，以增加对长期和可持续活动的投资②。

表 1－1 可持续金融的相关概念

组织机构及政府部门	发布时间	报告名称	概念阐述
联合国环境规划署（UNEP）	2016 年	《可持续金融体系的设计》（Design of a Sustainable Financial System）	可持续金融包括广泛的环境、社会、经济和治理相关内容
二十国集团（G20）	2018 年	《2018 年可持续金融综合报告》（Sustainable Finance Synthesis Report 2018）	通过直接和间接的方式支持可持续发展目标（SDGs）框架，推动实现强劲、可持续、平衡和包容性增长融资及相关的制度和市场安排
国际货币基金组织（IMF）	2019 年	《全球金融稳定报告（2019 年 10 月）》（Global Financial Stability Report：Lower for Longer）	可持续金融是将环境、社会和治理（ESG）原则纳入商业决策、经济发展和投资战略
国际资本市场协会（ICMA）	2020 年	《可持续金融概要释义》（Sustainable Finance High－level Definitions）	包括气候、绿色和社会责任金融，并考虑被融资机构长期经济发展的可持续性，以及整个金融体系的作用及运行稳定性等更广泛的内容
瑞士联邦环境办公室（FOEN）	2014 年	《瑞士"绿色"金融市场概述》（Overview of the Green Swiss Financial Market）	可持续金融是在整个风险管理和决策过程中考虑环境、社会和治理因素，为促进负责任投资而提供的金融产品和服务，目标是产生积极的环境、社会和治理影响
欧盟（EU）	2018 年	《可持续增长融资行动计划》（Action Plan：Financing Sustainable Growth）	可持续金融一般是指在投资决策过程中适当考虑环境、社会和治理因素，以增加对长期和可持续活动的投资

资料来源：根据公开资料整理。

---

① Federal Office for the Environment. Overview of the "Green" Swiss Financial Market［R］. Switzerland，2014.

② European Commission. Action Plan：Financing Sustainable Growth［Z］. 2018－08－03.

从前文对可持续金融定义的梳理可以看出，可持续金融、绿色金融、气候金融等概念较为相近，国际上不同组织机构对这些概念的定义略有差异，但各国际组织均认为可持续金融是涵盖范围最广的概念，包含绿色金融、气候金融及碳金融、社会环境金融等概念。

如联合国环境规划署（UNEP）认为可持续金融 > 社会环境金融 > 绿色金融 > 气候金融 > 碳金融（见图 1－1）。其中，可持续金融包含环境、社会、经济和治理相关的内容，社会环境金融包含环境和社会，绿色金融只包含环境相关的金融问题，而气候金融和碳金融的概念更为狭窄，气候金融只包含环境问题中的减缓气候变化和适应气候变化相关内容，碳金融只关注减缓气候变化相关内容。

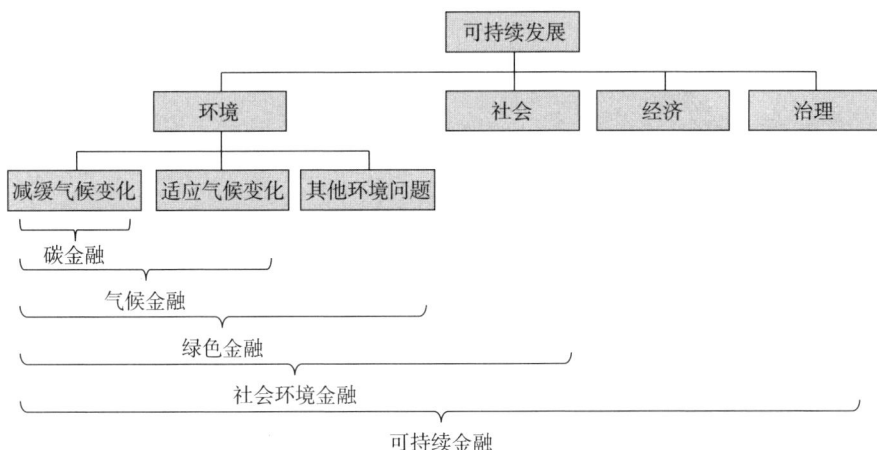

图 1－1 UNEP 可持续金融领域的相关概念

（资料来源：UNEP《可持续金融体系的设计》）

我国积极参与绿色金融实践，并通过顶层设计、制度建设的方式推进绿色金融的中国化进程。2016 年 8 月，中国人民银行、财政部等七部门联合发布的《关于构建绿色金融体系的指导意见》（银发〔2016〕228 号）给出了对绿色金融的官方定义：绿色金融是指为支持环境改善、应对气候变化和资源节约高效利用的经济活动，即对环保、节能、清洁能源、绿色交通、绿色建筑等领域的项目投融资、项目运营、风险管理等所提供的金融服务。

2021 年 3 月，中国人民银行确立"三大功能""五大支柱"的绿色金融发展政策思路①。其中"三大功能"主要是指充分发挥金融支持绿色发展的资源配置、风险管理和市场定价等功能。一是通过货币政策、信贷政策、监管政策、强制披露、绿色评价、行业自律、产品创新等，引导和撬动金融资源向低碳项目、绿色转型项目、碳捕集与封存等绿色创新项目倾斜。二是通过气候风险压力测试、环境和气候风险分析、绿色和棕色资产风险权重调整等工具，增强金融体系管理气候变化相关风险的能力。三是推动建设全国碳排放权交易市场，发展碳期货等衍生产品，通过交易为排碳合理定价。要发挥好这"三大功能"，需要进一步完善绿色金融体系"五大支柱"，即完善绿色金融标准体系、强化金融机构监管和信息披露要求、逐步完善激励约束机制、不断丰富绿色金融产品和市场体系，以及积极拓展绿色金融国际合作空间。

综上所述，可以发现与传统金融相比，绿色金融的特点主要体现在以下五个方面。

一是具有清晰的支持范围，强调环境效益。绿色金融产生之初是为了解决环境问题、可持续发展和经济增长之间的平衡问题，其核心在于实现资金的绿色配置，绿色金融的资金用途需要是真正绿色、低碳、节能环保的领域。20 世纪五六十年代，随着工业化的持续推进，环境与资源问题成为困扰人类社会发展的重要问题。2015 年联合国气候变化框架公约缔约国达成《巴黎协定》，以应对气候变化。

可持续发展和金融结合的重要性受到更多关注，绿色金融一直以来都是各国资源配置的重要手段，以解决市场失灵问题，引导绿色低碳发展。

---

① 中国人民银行. 陈雨露：绿色金融"三大功能""五大支柱"助力实现"30·60 目标"［EB/OL］.（2021 - 03 - 07）［2021 - 10 - 28］. https：//mp. weixin. qq. com/s/sUkcnhHxImgya3e6ImX_ 7Q.

如欧盟《可持续金融分类法》规定了可持续经济活动的筛选标准，确定了六项环境保护目标，明确欧盟可持续金融未来支持的主要领域。2018 年，中国人民银行牵头成立中国金融标准化技术委员会绿色金融标准工作组，重点聚焦气候变化、污染治理和节能减排三大领域，推动绿色金融标准体系建设，发布了《绿色贷款专项统计制度》《绿色债券支持项目目录（2021年版)》等，银保监会也出台了《绿色融资统计制度》等，明确了我国绿色金融的支持范围。为了解决不同国家、地区绿色金融标准协调的问题，各国也在持续推进合作，如中国和欧洲共同推出了《可持续金融共同分类目录》，提高了不同市场绿色金融标准的可比性。这些绿色金融标准的共同特点是都具有清晰的支持范围。

二是旨在发挥金融专业性，推动经济社会绿色低碳转型。绿色金融希望发挥金融资源配置、价格发现、风险管理等专业功能，更好地引导经济社会把握全球绿色低碳发展的新趋势，推动经济新增长点发展、增强经济发展韧性和可持续性。如欧盟 2009 年启动绿色经济发展计划，通过绿色投资的方式支持此计划在成员国推行，以此推动欧盟绿色就业和经济增长。中国在经历快速的工业化发展后，尤其重视生态文明建设，不断加强资源环境保护，坚定走绿色低碳循环发展之路。2015 年，国务院印发《生态文明体制改革总体方案》，对生态文明建设进行全面系统部署安排。为助推生态文明建设，我国进一步构建并不断完善绿色金融体系，大力推动绿色金融发展，支持经济社会绿色低碳高质量发展。

三是具有外部性，需要政府政策的支持和引导。外部性是绿色金融的重要特征。绿色金融的外部性主要指其环境效益和社会效益，即绿色金融所投资的项目或企业对环境和社会产生的积极影响。绿色金融的环境和社会效益仅靠市场机制往往难以实现有效配置，需要通过政策的支持引导将环境外部性收益内部化，调动市场资金支持绿色产业及项目的积极性。如美国对环境保护项目的债券融资实行低利率，一般为 3.3% ~ 3.7%，并对从事环境友好型产业的中小企业提供贷款优惠或担保；我国也推出了碳减排支持工具，以减少碳排放为导向，重点支持清洁能源、节能环保和碳减排技术三个碳减排领域。

四是关注商业可持续发展。绿色金融的属性是商业性和市场化，绿色产业及绿色项目虽然具有积极的环境和社会效益，但目前还无法完全以经济收益的形式体现出来，需要政策支持，长期来看，需要关注绿色金融的商业可持续发展。绿色金融的供给主体金融机构追求盈利和回报，仅靠政策推动和政府补贴，难以实现绿色金融的长期商业可持续发展。这也需要加强对全社会绿色可持续发展的共识，使政府、企业和个人都认可绿色发展的理念，并探索建立切实可行的绿色金融可持续发展模式。

五是需要金融产品创新。绿色发展需要多类型和多层次的资金支持，其金融需求具有专业性和复杂性，传统金融产品往往难以满足绿色金融的融资需求，因此，绿色金融需要金融产品创新。如转型金融、绿色小微金融、碳金融等都是绿色金融发展的新方向，这些领域的发展也亟须金融产品和服务的创新来支撑。转型金融产品需要企业制定低碳转型的目标，再结合具体的融资模式进行创新；绿色小微金融产品需要针对小微企业的具体特征和融资需求，开发适合小微企业的绿色金融产品；碳金融产品是服务绿色低碳转型，建设多层次碳市场的重要工具。

1.3 普惠金融的内涵与特点

20 世纪 70 年代以来，孟加拉国、印度、印度尼西亚等发展中国家陆续开始探索小额信贷等实践，这也是现代普惠金融的雏形。2005 年，联合国在宣传"国际小额信贷年"时首次明确提出了普惠金融（Inclusive Finance）的概念，将普惠金融定义为"能有效、全方位地为社会所有阶层和群体提供服务的金融体系"，后被联合国和世界银行广泛推广。2008 年 9 月，普惠金融联盟（AFI）在泰国曼谷成立。普惠金融联盟主要由发展中国家和新兴市场国家的中央银行、监管当局和其他金融管理机构组成，我国也于 2011 年加入该联盟。2011 年，普惠金融联盟在墨西哥举行的全球政策论坛（GPF）上发布了《玛雅宣言》，这是推进普惠金融的首次全球性倡议。

早在 20 世纪，我国就开启了探索普惠金融的进程。1993 年，中国社会科学院农村发展研究所在河北易县建立了中国首家小额信贷机构——扶贫经济合作社，以改善贫困农户的经济状况和社会地位①。2013 年，党的十八届三中全会通过《中共中央关于全面深化改革若干重大问题的决定》，正式提出要 "发展普惠金融，鼓励金融创新，丰富金融市场层次和产品"，这也标志着发展普惠金融上升为国家战略。2015 年，国务院印发了《推进普惠金融发展规划（2016—2020 年）》，提出普惠金融是指立足机会平等要求和商业可持续原则，以可负担的成本为有金融服务需求的社会各阶层和群体提供适当、有效的金融服务。小微企业、农民、低收入人群和残疾人、老年人等特殊群体是当前我国普惠金融重点服务对象。

普惠金融主要具有以下特点：

一是普惠金融关注公平性。金融服务的对象应不受性别、阶级、民族、贫富等因素的影响，但是传统金融是将弱势群体排斥在外的。普惠金融为小微企业、农民、低收入人群和残疾人、老年人等特殊群体提供金融服务，彰显了社会的公平性。如世界上第一家专为贫困者服务的金融机构——孟加拉乡村银行，就主要面向农村贫困人口尤其是女性发放小额贷款。

二是普惠金融关注金融可得性。金融可得性是指个人和企业能够方便地获得金融服务和产品的程度。可得性是衡量普惠金融的重要指标，星焱（2016）认为，客观上，它是指金融网点或金融产品在地域和空间上的覆盖密度；主观上，它是指相关金融服务在总人口（或成年人）中的获得比

---

① 焦瑾璞，黄亭亭，汪天都，等．中国普惠金融发展进程及实证研究［J］．上海金融，2015（4）.

率[①]。提升金融服务的可得性是普惠金融的主要目标之一。

三是普惠金融具有外部性。在普惠金融领域，提供金融服务和产品不仅对个人和企业本身有影响，还对整个社会产生积极的外部效应，如通过普惠金融帮助低收入人群改善生活状况，能够减少贫困人口的数量，提高社会的稳定性，促进社会的包容性。尤其是数量庞大的小微企业，其在吸纳就业、刺激消费、促进创新、维护社会稳定等方面的社会贡献较大，具有显著的正外部性。

四是普惠金融应具备商业可持续性。具体来看，普惠金融应区别于社会救济和扶贫，不能进行政策性的、慈善性的、运动式的普惠金融，应充分考虑普惠金融的商业可持续。金融机构（政策性金融机构除外）是以盈利为核心的，没有可持续性的财务难言普惠金融可持续发展。同时，普惠金融的产品服务周期通常较长，可持续性的普惠金融才能对相关对象的发展起到支持作用。

五是普惠金融需要金融产品创新。金融机构需要针对不同普惠对象的需求特点，结合数字技术等创新手段开发适合普惠对象的产品和服务方式。如针对农户缺乏征信信息、缺乏有效抵（质）押物等特征，在风险可控的前提下创新针对农户的生产经营贷款等。针对小微企业财务不透明、账务不真实、审计监督机制不健全等问题，可辅以金融科技的手段，采用供应链金融等方式支持小微企业。

1.4 绿色普惠融合发展内涵

1.4.1 绿色普惠融合相关研究进展

绿色普惠融合发展这一概念提出的时间尚短，其理论与实践探索均处

---

① 星焱. 普惠金融：一个基本理论框架［J］. 国际金融研究, 2016（9）.

于起步阶段。在国际上，2012 年世界银行提出了包容性绿色增长（Inclusive Green Growth）的概念，认为经济快速增长对于满足世界贫困人口的迫切发展需求是必要的，但如果增长不具备社会包容性，不是绿色的，从长期看就没有可持续性。包容性绿色增长要求克服政治经济制约，摒弃根深蒂固的行为定式和社会规范，开发创新型的融资工具来改变激励方式和促进创新，从而解决导致过度使用自然资产的市场、政策和制度失灵现象①②。

2019 年，普惠金融联盟（Alliance for Financial Inclusion，AFI）提出了绿色普惠金融（Inclusive Green Finance，IGF）的概念。AFI 认为绿色金融与普惠金融之间存在重叠的部分，因为普惠金融的目标群体往往更易受到环境变化的影响，AFI 呼吁将绿色金融政策与普惠金融政策联系起来，形成综合的绿色金融与普惠金融融合发展政策③。

从国内来看，2022 年 2 月 28 日，习近平总书记主持召开中央全面深化改革委员会第二十四次会议，会议提出促进普惠金融和绿色金融、科创金融等融合发展，提升政策精准度和有效性。这是首次从官方层面明确提出推进绿色金融与普惠金融融合发展。2024 年 8 月，中国人民银行等八部门联合印发《关于进一步做好金融支持长江经济带绿色低碳高质量发展的指导意见》，提出要推动绿色金融、普惠金融协同发展。

部分学者提出了绿色金融和普惠金融协同发展的建议。如时任中国人民银行副行长刘桂平（2022）提出，要推动绿色金融与普惠金融融合发展，可依托绿色金融改革创新试验区和普惠金融改革试验区建设，重点推动农业、小微企业的绿色低碳转型④。雷曜等（2022）提出，要推动绿色金融与普惠金融交织融合发展，可在完善政策体系、强调数字赋能和鼓励市场创

---

① The World Bank, Inclusive Green Growth：The Pathway to Sustainable Development［R］. Washington, D. C.：World Bank Group, 2012.

② 明翠琴, 钟书华. 国外"绿色增长评价"研究述评［J］. 国外社会科学, 2013（5）.

③ IGFWG, Inclusive Green Finance：From Concept to Practice［R］. AFI, 2020.

④ 刘桂平. 金融系统要坚定不移践行新发展理念［J］. 中国金融, 2022（1）.

新等多方面凝心聚力，持续提升绿色金融与普惠金融融合发展质效[①]。周月秋（2022）提出，绿色普惠金融不是绿色金融和普惠金融的简单叠加，而是金融业通过统筹协调绿色和普惠金融领域的发展布局，实现两者在发展理念、科技创新、管理方式、业务资源等领域的相互借鉴与深度融合，进而产生"1 + 1 > 2"的发展成效[②]。尹优平（2023）认为，普惠金融与绿色金融融合发展的要义在于，在普惠金融发展中融入绿色金融理念、标准和规则，为普惠群体低碳转型、绿色发展提供金融支撑；在绿色金融发展中融入普惠金融理念和要求，将绿色金融服务对象拓展到小微企业、"三农"等更多普惠群体，促进全社会生产生活方式的绿色转型[③]。

1.4.2　绿色普惠融合内涵及关键事项

从前述绿色金融和普惠金融的内涵及特点分析可以看出，绿色金融与普惠金融既有不同之处，也有许多共性。不同之处在于，绿色金融与普惠金融的核心目标不同。绿色金融的核心在于实现资金的绿色配置，强调环境效益；普惠金融的核心在于让所有人都能够享受方便的金融服务，关注金融服务的公平性。相同之处在于，绿色金融与普惠金融都具有外部性，都需要关注商业可持续及金融创新（见图 1 - 2）。

绿色金融与普惠金融关注目标具有差异。"绿色"解决的是发展质效的问题，"普惠"解决的是金融资源可得性的问题。可以用表 1 - 2 来表示绿色金融与普惠金融的覆盖群体。绿色金融在每一类群体中都有覆盖，但目前更多惠及大中型企业，小微企业、农户等普惠对象较少涉及。普惠金融方面，依据中国人民银行发布的《关于对普惠金融实施定向降准的通知》（银发〔2017〕222 号），普惠贷款包括单户授信小于 500 万元的小型企业

---

① 雷曜，梅亚雯. 推动绿色金融与普惠金融交织融合发展 [J]. 当代金融家，2022 (1).
② 周月秋. 创新发展绿色普惠金融的思考 [N]. 中国银行保险报，2022 – 03 – 09.
③ 尹优平. 推进普惠金融与绿色金融高质量融合发展 [J]. 当代金融家，2023 (2).

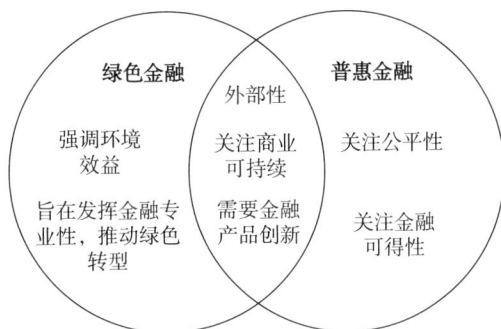

图 1 - 2　绿色金融与普惠金融的特点

（资料来源：课题组整理）

贷款、单户授信小于 500 万元的微型企业贷款、个体工商户经营性贷款、小微企业主经营性贷款、农户生产经营贷款、创业担保（下岗失业人员）贷款、建档立卡贫困人口消费贷款和助学贷款。而依据工信部《关于印发中小企业划型标准规定的通知》（工信部联企业〔2011〕300 号），各行业的小微企业划分标准不同，包括从业人员、营业收入等指标，如工业企业从业人员 20 ~ 300 人，营业收入 300 万 ~ 2000 万元为小型企业，与中国人民银行普惠贷款的口径不尽相同①。具体而言，普惠金融主要覆盖小微企业、农户等群体。

表 1 - 2　　　　　　　　绿色金融与普惠金融的覆盖群体

分类	农户及其他普惠对象	小微企业	中型企业	大型企业
普惠金融				
绿色金融				

资料来源：课题组整理。

注：表中色块面积仅为覆盖面的示意图，不代表真实的覆盖比例。

　　绿色金融与普惠金融可以看作经济主体不同发展阶段的要求。经济主体初创阶段通常面临融资难题，往往缺乏稳定的收入和担保资产，难以满

---

① 在此基础上，中国人民银行分别于 2019 年和 2024 年两次放宽普惠小微贷款认定标准，单户授信先后调整为"不超过 1000 万元"和"不超过 2000 万元"。

足传统融资方式的融资要求，需要更灵活、便捷的融资渠道及产品。普惠金融的资金支持对解决这一阶段的公平性问题非常重要。在发展规模扩大后，经济主体需要解决发展质量问题，通过引入绿色的概念和资金支持，可以实现经济增长与环境保护的双赢，帮助企业实现可持续发展目标，提升企业的发展质效与社会形象。

综合国内外的相关研究，本书认为，绿色金融与普惠金融融合发展是指在立足机会平等的基础上，通过金融资源引导小微企业、农户等普惠对象践行绿色低碳生产生活方式，在商业可持续原则下，不断提升为支持环境改善、应对气候变化和资源节约高效利用的经济活动所提供的金融服务的覆盖面和份额。

在绿色金融和普惠金融融合发展推进中，需要关注以下关键事项。

一是关注绿色金融与普惠金融的内在一致性。绿色金融与普惠金融都是可持续发展目标和我国新发展理念的不同视角体现，其内在具有一致性。从国际上看，联合国可持续发展目标（SDGs）包含绿色与普惠相关内容，其中清洁能源、负责任消费和生产、气候行动等均为绿色发展目标，消除贫困、消除饥饿、社会平等均为普惠发展目标；绿色金融与普惠金融均为实现可持续发展、促进社会公平与协调的重要方式。从国内看，我国的新发展理念也包含绿色与普惠的理念，其中协调发展注重的是解决发展不平衡问题，绿色发展注重的是解决人与自然和谐共生问题，共享发展注重的是解决社会公平正义问题。可以看出，协调发展和共享发展均为普惠发展的核心概念，绿色金融与普惠金融是贯彻新发展理念、实现高质量发展的必要手段，二者相辅相成、相互促进。

二是需要关注绿色金融与普惠金融的协同性。普惠金融关注公平性和覆盖面，绿色金融讲求发展质量，但若考虑金融资源的有限性，两者在某些特定情况下可能存在"挤出效应"。在推进绿色金融与普惠金融融合发展的过程中，需要关注绿色金融与普惠金融两者的协同性，保证金融资源服务普惠对象绿色化时的覆盖面与公平性。实际上，关注经济社会发展需求也是绿色金融持续关注的事项。《联合国气候变化框架公约》强调，要"承认发展中国家有消除贫困、发展经济的优先需要。承认发展中国家的人均排放仍相对较低，因此在全球排放中所占的份额将增加，经济和社会发展及消除贫困是发展中国家首要和压倒一切的优先任务"。

三是绿色金融和普惠金融融合发展需要聚焦推进小微企业、个体工商户、农户等普惠对象绿色化。我国绿色金融以资金用途进行界定，普惠金融以资金投向的主体进行界定，两者统计维度不同，无法简单地取其交集，因此，绿色金融与普惠金融融合发展应在金融资源可得的基础上，提升发展质效，引导更多的普惠对象进行绿色低碳发展。在普惠主体中，小微企业、个体工商户、农户等群体目前无法有效得到资金支持，且得到金融支持后的绿色效应不显著。小微企业、个体工商户、农户等群体虽然单个主体的碳排放量较低，但其数量庞大，整体减排潜力大。中国人民银行金融研究所数据显示，我国中小微企业碳排放量占全国碳排放总量超过了50%，但当前绿色资金往往投向央企、国企、上市公司等大型头部企业，小微企业和农户得到的绿色资金较少。

四是绿色金融和普惠金融融合发展需要分类差异化推进。对于小型企业中相对具有一定规模的企业，应侧重关注环境效益，引导其使用绿色生产方式，如使用高效节能设备、推广清洁能源、采用清洁生产技术和工艺、生产绿色产品、建设绿色工厂等。对于微型企业和农户等对象，需要在解决其融资难题的前提下开展环境风险管理，金融机构需要在提供金融服务的同时，有意识地引导其关注自身环保要求，帮助其了解环境风险管理和合规要求，并通过利率优惠、奖励措施或其他激励措施鼓励其采取环保行为，降低对环境的污染和资源的浪费。

五是在政策引导下加强金融创新。一方面，可以在现有的普惠贷款中加强对既有绿色场景的挖掘。例如，由于绿色贷款按贷款用途分类统计，而普惠对象流动贷款的绿色认定较为模糊，难以提供相关材料证明流动资金用于绿色需求，因此，可以使用金融科技手段对普惠对象的绿色贷款场景进行梳理，实现流贷绿色认定的智能化。另一方面，应当引导更多的普惠对象关注和践行绿色发展。例如，创新绿色供应链金融产品支持链上小微企业绿色低碳转型，依托核心企业的资信来提升小微企业自身信用，从而获得金融机构的绿色资金，实现绿色化发展。

1.5　商业银行推进绿色金融与普惠金融融合发展的内在动力

商业银行推进绿色金融与普惠金融融合发展，不仅是满足未来监管要求的重要组成部分，也是提升自身差异化竞争优势的重要途径，积极践行社会责任的重要抓手。

一是有助于商业银行提前把握金融监管要求。近年来，政府部门越加重视绿色金融和普惠金融融合发展。2023 年 10 月，中央金融工作会议明确提出要做好科技金融、绿色金融、普惠金融、养老金融、数字金融五篇大文章，进一步强调了发展绿色金融及普惠金融的重要性。2024 年 8 月，中国人民银行等八部门联合印发的《关于进一步做好金融支持长江经济带绿色低碳高质量发展的指导意见》，明确提出要精准支持"三农"、小微企业绿色低碳发展。绿色金融与普惠金融融合发展是未来我国金融的监管要求，商业银行推进绿色金融与普惠金融融合发展，能够提前把握监管趋势，为经济低碳发展提供高质量服务。

二是有助于商业银行获得差异化竞争优势。自 2016 年中国人民银行等七部门联合出台《关于构建绿色金融体系的指导意见》以来，我国绿色金融取得了快速发展，尤其是 2021 年中国人民银行推出碳减排支持工具等结构性货币政策工具之后，传统绿色金融项目融资利率普遍较低，竞争激烈。挖掘梳理普惠对象的绿色转型需求，依托绿色供应链金融等创新产品与服务为普惠对象提供绿色资金，既把握了商业银行在绿色领域的新机遇，又能够帮助商业银行获得差异化发展的竞争优势，在绿色金融与普惠金融融合发展领域占据领先地位。

三是有助于商业银行积极践行社会责任。中央金融工作会议指出，高质量发展是全面建设社会主义现代化国家的首要任务，金融要为经济社会发展提供高质量服务。商业银行肩负着履行社会责任的使命，应当积极响应国家政策要求，把更多金融资源投入促进绿色发展和普惠对象高质量发展，积极主动推动绿色金融与普惠金融融合发展，引导小微企业、农户等普惠对象开展绿色低碳转型，将绿色资金支持拓展到更多普惠对象，实现经济增长与环境保护的双赢。

第2章 国内外金融支持普惠主体绿色发展综述

本章分别从国际与国内两个维度梳理了金融支持普惠主体绿色发展的相关政策、标准，并重点总结了国内金融支持普惠主体绿色发展的地方实践与金融机构实践。在国际上，不乏支持普惠主体绿色化发展的指引性文件，且部分可持续金融标准涉及绿色金融与普惠金融融合发展事项。在国内，绿色金融与普惠金融融合发展相关标准目前只有少数区域性的探索，大体可分为以主体和以行为为判断依据的两类标准。

2.1 金融支持普惠主体绿色发展的相关标准概况

2.1.1 国际标准

国际上多为指引性的文件，而非规范性标准，且关注重点为小微企业的绿色发展。国际标准化组织（International Standard Organization，ISO）于2019年5月发布《环境管理系统——分阶段实施的灵活方法指南》，引导包括中小型企业在内的组织分阶段建立、实施、维持及改善环境管理系统[1]；后又于2022年发布了《可持续金融——金融机构可持续性原则应用指南》（*Sustainable Finance—Guidance on the Application of Sustainability Principles for*

---

[1] ISO. ISO 14005：2019 Environmental Management Systems—Guidelines for a Flexible Approach to Phased Implementation ［S］. (2019-05) ［2024-06-24］. https：//www.iso.org/standard/72333.html.

Organizations in the Financial Sector），为金融机构和中介机构等在投融资活动中应用总体可持续发展原则、实践和术语提供指导①。日本标准协会（Japanese Standards Association，JSA）于 2021 年 6 月推出类似指南，新增了关于环境绩效评价技术的整合和使用建议②。新加坡注册会计师协会（Institute of Singapore Chartered Accountants，ISCA）于 2022 年 4 月发布《绿色与可持续金融：中小企业指南》（*Green and Sustainable Finance：Guide for SME*），为中小企业提供获取绿色和可持续融资机会的路线图③。

系列非强制性国际标准引导资金支持农业领域可持续发展。国际上，许多非强制性可持续金融原则或标准涉及绿色农业相关内容，包括负责任投资原则、可持续保险原则、积极影响原则、金融自然资本宣言、国际金融公司绩效标准、全球赤道原则、负责任农业原则、农业和粮食系统负责任投资原则、全球银行价值观联盟，以及负责任银行原则（UNEP 金融倡议）等。有关研究表明，这些自愿性可持续金融标准覆盖面较广，可以支持农业企业遵守法律法规，实施可持续发展规划和管理系统，保护土壤、水源和森林，保护基本的劳工权利及健康和安全措施，有助于其减少因不良种植做法和违法行为而产生的财务风险④。

多个国家或地区发布可持续金融相关分类标准。欧盟、东盟、新加坡、英国等均已发布可持续金融分类标准（见表 2 - 1），适用对象主要为包括银行、基金公司、保险公司等在内的金融机构。这些标准与绿色金融与普惠金融融合发展服务的关联主要体现在以下三个方面：一是设定的原则与目

---

① ISO 32210：2022 Sustainable Finance—Guidance on the Application of Sustainability Principles for Organizations in the Financial Sector［S］. 2022.

② JIS Q 14005：2012 Environmental Management Systems – Guidelines for the Phased Implementation of an Environmental Management System Including the use of environmental performance evaluation［S］. 2021.

③ Institute of Singapore Chartered Accountants，ISCA. Green and Sustainable Finance—Guide for SME［S］.（2023）［2024 - 03 - 15］. https：//isca. org. sg/docs/default - source/sustainability/resources/green - and - sustainable - finance - _ guide - for - sme - 12042023. pdf？sfvrsn = 85ed0b0e_ 2.

④ Cristina Larrea. Voluntary Sustainability Standards and Investments in Sustainable Agriculture. IISD and SSI［R］. 2023 - 04.

标涉及 ESG 因素，综合考虑了环境与社会影响。二是提出了能源、建筑等多个行业的绿色活动或项目筛选标准，将直接或间接地影响到中小微企业。例如，《蒙古国绿色金融分类目录》提到将支持家庭和小企业的有关绿色活动，以使其与国家有关目标（如减缓、适应气候变化，预防污染，节约资源和改善生计）实现进程一致。三是部分标准对农业领域的绿色投融资作出规定，如农业、林业、渔业相关的废物管理、能源使用标准等。

表 2 - 1   国际绿色金融与普惠金融融合发展相关标准列举

标准类型	相关标准	标准核心内容
国际指引性标准	《环境管理系统——分阶段实施的灵活方法指南》 《为中小企业提供质量、环境、健康和安全综合管理系统咨询的顾问选择指南》 《绿色与可持续金融——中小企业指南》 《可持续金融——金融机构可持续性原则应用指南》	公司治理；环境管理；商业可持续；可持续金融服务
国际原则性标准	负责任投资原则、可持续保险原则、积极影响原则、金融自然资本宣言、国际金融公司绩效标准、全球赤道原则、负责任农业原则、农业和粮食系统负责任投资原则、全球银行价值观联盟，以及负责任银行原则（UNEP 金融倡议）等	ESG 风险与机遇考量；投资组合管理；信息披露
地区/国家分类标准	《欧盟可持续金融分类法》 《新加坡——亚洲可持续金融分类标准》 《英国绿色分类法》 《东盟可持续金融分类方案》 《蒙古国绿色金融分类目录》	可持续投资；技术筛选标准；气候敏感性测试

资料来源：课题组整理。

2.1.2   国内标准

在国内，绿色金融与普惠金融融合发展相关标准目前只有少数区域性的探索，大体可分为以主体和以行为为判断依据的两类标准，代表地区为浙江省与贵州省。

在主体性标准方面，主要为绿色小微企业的评价标准。随着绿色金融的发展，我国多个省、市、县已发布绿色企业认定标准，且已有全国层面的团体标准，如《绿色企业评选标准》。这些标准通常涉及绿色经营、环境保护、社会责任、公司治理等指标，且部分标准设置了否定项。其中，浙江省金融学会于 2022 年 11 月推出了《小微企业绿色评价规范》团体标准，以小型企业、微型企业及个体工商户三类主体为评价对象，规范了绿色评价原则、评价指标和评价程序。

在行为性标准方面，主要为绿色农业、乡村建设、绿色普惠的信贷实施规范（见表 2-2）。浙江湖州从 2019 年起率先制定并发布了《绿色农业贷款实施规范》《美丽乡村建设绿色贷款实施规范》《绿色普惠信贷实施要求》等绿色普惠地方标准，为金融机构识别绿色普惠贷款提供了可操作的指引。其中，《绿色农业贷款实施规范》对金融机构发放支持绿色农业相关生产经营活动贷款的实施程序进行规范；《美丽乡村建设绿色贷款实施规范》明确了绿色信贷服务美丽乡村的基本含义，以及美丽乡村建设绿色贷款的实施程序与要求；《绿色普惠信贷实施要求》以绿色普惠信贷投放"行业投向"为主线，明确了绿色普惠贷款的实施原则、支持对象和支持方向，并探索将大量面向中小微企业及个人客户发放的符合绿色发展理念的贷款纳入绿色贷款统计评价体系。贵州省农村信用社于 2022 年 7 月发布《绿色普惠信贷分类目录（农业）》，帮助金融机构识别绿色普惠主体和项目，促进绿色金融政策红利向散、小、弱的普惠群体倾斜。

表 2-2　　　　　　　我国绿色金融与普惠金融融合发展相关标准

文件名称	发布时间	发布单位	相关内容
《绿色企业评选标准》（T/CGDF 00002—2018）	2018 年 11 月	中国生物多样性保护与绿色发展基金会	● 绿色战略：全面的可持续发展目标、成文的可持续发展战略 ● 绿色管理：企业环境责任人、负责环境保护节能减排的职能部门、高层环境问责制度、质量和环境管理体系，以及职业健康安全体系认证、先进绿色管理工具、环保危机管理制度、资源消耗成本与环境污染成本核算、企业文化宣传活动、培养员工环保意识与动员员工积极参与节能环保的教育计划

续表

文件名称	发布时间	发布单位	相关内容
《绿色企业评选标准》（T/CGDF 00002—2018）	2018年11月	中国生物多样性保护与绿色发展基金会	● 绿色生产：科技奖励、治污措施、可再生材料、新研发产品中环境友好型产品的比重、明确的资源节约目标和考核体系、万元增加值综合能耗及同比变化、万元增加值新鲜水耗及同比变化、污染物排放情况与资源综合利用情况、清洁能源、获得"政府绿色采购清单入选企业"、产品采用无害化包装、完善的产品回收和处理系统并正常运行、企业的办公生产和仓储场所节能措施、投资于节能环保新技术的研发、参与到提倡环保和理性消费以及资助环保项目等社会行动中、企业在市场推广过程中进行强调品牌的社会责任价值和环保价值等绿色营销行为、企业对其供应链提出过具体的环境要求、为减排采取的具体措施
《广东省广州市绿色金融改革创新试验区绿色企业认定管理办法（试行）》	2018年5月5日	广东省人民政府	● 企业基本条件：企业设立、企业信用、违法行为、经营业务 ● 生产与管理：企业管理体系、设备、设施、生产技术、原材料、能源消耗、产品 ● 环境管理与污染防治：环境管理制度、污染防治、环境管理规范执行情况、环境信息公开 ● 社会责任：对员工的责任、公共关系和社会公益的责任、企业社会责任管理
《绿色融资企业评价规范》（DB 3305）	2018年7月17日	湖州市质量技术监督局	● 绿色业务：绿色业务占比、企业规模、产业类型、绿色业务水平、其他 ● 资源环境绩效水平：单位产品能耗、用水效率、污染物排放、清洁生产、资源循环利用、绿色经营、其他 ● 资源环境合规风险：行业环境风险、环境失信风险、风险管理措施、其他 ● 环境资源管理：管理水平、环境数据完善性、其他 ● 信息披露：行政违规、自愿披露、其他
《广州市黄浦区广州开发区绿色企业认定管理办法》	2020年8月19日	广州开发区金融工作局	● 企业绿色经营：业务类型、绿色业务占比 ● 环境管理与污染防治：环境管理、原料和产品、节能降耗 ● 社会责任：利益相关者、社会责任管理 ● 生产与管理：质量/能源管理、基础设施 ● 除上述评价指标外，企业在绿色经营、环境管理与污染防治、社会责任、生产与管理、应对气候变化等方面表现突出

续表

文件名称	发布时间	发布单位	相关内容
《兰州新区绿色企业认证及评级办法（试行）》	2021 年 2 月 24 日	兰州新区管理委员会	• 企业绿色经营：产业政策导向、绿色业务占比 • 环境与节能降耗：环境管理、污染防治、节能降耗 • 生产与管理：原料和产品、质量与能源管理、基础设施 • 社会责任：员工发展、社会贡献、社会监督
《崇义县绿色企业认定方法》	2021 年 5 月 20 日	崇义县人民政府	• 绿色经营：产业政策导向、绿色业务收入或利润占比 • 环境保护：低碳技术研发、资源循环利用、低碳能效管理、清洁生产、原料、产品、环境管理体系、污染防治 • 社会责任：供应链、员工责任、员工健康、公共关系、信息披露 • 公司治理：公司负面消息、安全生产、绩效考核、权益保障
《福建省三明市绿色企业及绿色项目评价认定办法》	2021 年 7 月 13 日	三明市人民政府办公室	• 绿色经营：产业政策导向、绿色业务收入或成本占比 • 低碳转型：低碳资源利用、低碳能源结构、低碳技术研发 • 环境保护：环境管理制度、原料和产品、污染防治、清洁生产 • 社会责任：员工责任与安全生产、公共关系及信息披露 • 公司治理：管理制度、绿色战略 • 除上述评价指标外，企业在绿色经营、低碳转型、环境保护、社会责任、公司治理等方面有贡献
《芜湖市绿色企业和绿色项目评价认定办法（试行）》	2022 年 8 月 1 日	中国人民银行芜湖市中心支行等	• 企业绿色经营：业务类型、绿色业务占比 • 环境管理：环境管理 • 社会责任：利益相关者、社会责任管理 • 生产与管理：质量管理

续表

文件名称	发布时间	发布单位	相关内容
深圳市地方标准 DB 4403《绿色企业评价规范》	2021 年 3 月 2 日	深圳市市场监督管理局	• 基本要求（否定项）：依法设立，有合规的环境影响评价、环保竣工验收、排污许可等环保手续，在建设和生产过程中遵守适用的环境保护、卫生、消防等法律法规要求；近三年内，无违法行为、较大及以上安全、环境、质量等事故或环境行政处罚记录等。 • 布局设施：企业布局、设施设备 • 绿色管理：环境管理体系、能源和温室气体排放管理、环境风险管理、清洁生产审核、排污许可主动管理、环境信息公开、宣传教育 • 绿色生产：能源、原辅材料、工艺、供应链、产品 • 绿色绩效：能耗、水耗、污染物和温室气体排放、工业固体废物处置利用率
《小微企业绿色评价规范》（T/ZJFS 008—2022）	2022 年 11 月	浙江省金融学会	• 否决项：近一年有环保处罚记录、近一年发生劳动者保障处罚或欠薪、近一年发生征信逾期、近一年受到税务或行政处罚等 • 绿色评价负向指标：污染物排放情况（如重点排污企业、排污许可证重点管理单位等）、企业环境评价（近两年处罚次数变动率、处罚强度变动率） • 绿色评价正向指标：环境表现水平、资源能源消耗强度、环境管理制度、绿色业务、绿色生产经营、绿色物流、绿色运营、绿色支持等 • 绿色评价附加指标：社会类包括员工、安全和质量管理、产品服务创新、信息沟通等，企业类包括企业生命周期、股东及管理层、企业信用情况、稳定与成长等
《绿色农业贷款实施规范》	2019 年 12 月	湖州市市场监督管理局	对金融机构发放支持绿色农业相关生产经营活动的贷款的实施程序，包括受理贷款申请、初步评估、尽职调查、授信审查、贷款审批、贷款发放、贷后管理、信息报告和披露等进行规范
《美丽乡村建设绿色贷款实施规范》	2018 年 12 月	湖州市质量技术监督局	明确了绿色信贷服务美丽乡村的基本含义，主要包括实施原则、支持领域、自身建设等相关内容，并从贷款申请、前期筛选、尽职调查、贷款审批、贷款发放及贷后管理 6 个方面进行综合分析，制定了美丽乡村建设绿色贷款流程图，明确了美丽乡村建设绿色贷款的实施程序与要求

续表

文件名称	发布时间	发布单位	相关内容
《绿色普惠信贷实施要求》	2019 年 12 月	湖州市市场监督管理局	以绿色普惠信贷投放"行业投向"为主线，明确了绿色普惠贷款的实施原则、支持对象和支持方向，探索将大量面向中小微企业及个人客户发放的符合绿色发展理念的贷款纳入绿色贷款统计评价体系，为全面的绿色信贷统计制度积累实践经验。具体包含 9 大类、62 小类绿色普惠企业流动资金类和个人经营类贷款共计的分类和要求，以及 7 类绿色普惠个人消费类贷款分类和要求
《绿色普惠信贷分类目录（农业）》	2022 年 7 月	贵州省农村信用社联合社	帮助识别绿色普惠主体和项目，推动普惠群体转变生产、生活方式，引导金融资源投向经济绿色发展薄弱环节和领域，促进绿色金融政策红利向散、小、弱的普惠群体倾斜

资料来源：根据中财绿金院材料与公开资料整理。

　　综合看来，随着我国逐步推进绿色金融工作，以绿色金融改革创新试验区为代表的地区不断探索完善绿色基础设施建设，包括建设绿色企业库与绿色项目库等，这也是各地陆续推出绿色企业标准与绿色项目标准的原因。需要注意的是，这些标准面向的是广泛的企业及其行为，部分评价方式对普惠主体并不完全适用，尤其是项目评价标准。

　　现有的绿色主体分类标准具有以下特点：从评价指标看，虽说是绿色企业标准，但基本都会综合考虑环境、社会与治理因素，而指标总数为 20～40 个不等。从标准类型看，多数是地方性的认定方法或管理办法，少数为地标与团标。从区域分布看，早期制定标准的地区基本为绿色金融改革创新试验区，如湖州、广州、兰州新区等。2023 年以来，其他地区在试验区的实践基础上陆续推出新的标准，如江苏省自 2023 年 9 月发布实施《江苏省绿色融资主体认定评价标准》。从评定方式看，可大致分为直接评价法与相对评价法。其中，直接评价法多用于对单个申报企业的评价，通过比较阈值与被评企业的具体分值来判定企业是否绿色或者划分绿色等级；相对评价法多用于对一批或全域企业的评价，根据各企业评分由高至低排序后，选取特定数量的企业评定为绿色企业，或依据排序分位数划定绿色等级。从评价时效看，基本为 1 年期或 3 年期，期满后根据要求重新评定。从准入门槛看，分为设定基本要求或否决条件两种模式，考虑的因素基本一致，包括证照完备性、信用记录、行政处罚情况等，但考量的时限为 1 ~ 3 年不等。此外，广州等地标准的实施依托第三方绿色评估机构，由其负责收集认定评估证据，并确保证据的完整性和准确性；而其他标准则对第三方鉴证未作明确要求。

2.2　金融支持普惠主体绿色发展的相关政策

国际及国内多项政策支持普惠主体或可持续金融发展，但聚焦绿色普惠融合发展的系统性政策有待制定或加强。具体看来，联合国、G20 等在可持续金融政策中提及普惠主体绿色发展内容，普惠金融联盟等国际组织推出了绿色普惠金融的政策框架；在我国，已有少数地区推出专项政策，且较多涉及"三农"绿色发展、碳普惠等相关议题。

2.2.1　国际政策

国际上，绿色金融与普惠金融融合发展相关政策大致可分为三类，按照与其关联程度由大到小分别为"绿色金融与普惠金融融合发展"专项政策，可持续金融、绿色金融、普惠金融类政策，国际平台推出的可持续发展相关政策。

"绿色金融与普惠金融融合发展"专项政策数量较少，且具有代表性的"绿色金融与普惠金融融合的政策框架"需要通过经济体才能发挥实质性作用。2019 年，普惠金融联盟（AFI）成立绿色普惠金融工作组（Inclusive Green Finance Working Group，IGFWG），从普惠金融与绿色金融的双向维度梳理了绿色金融与普惠金融融合的政策框架（见表 2 – 3），并提出了绿色普惠金融的 4P 框架，包括促进（Promotion）、供应（Provision）、保护（Protection）、预防（Prevention）四类政策①。2022 年，AFI 网络中的金融监管机构和央行一致认为，普惠政策必须在不导致金融排斥的情况下应对气候变化。同年，AFI 发布了《绿色普惠金融实施路线图》，鼓励构建或强化顶层设计、分类目录、优先级行动、资源整合、金融科技、信息披露 6 个模块，以推动 4P 政策框架的实施②。

表 2 - 3　　　　　　　　　AFI 的绿色金融与普惠金融融合政策框架

项目		普惠金融	
		市场管理政策	直接干预
绿色金融	适应环境变化、增强韧性	• 实施适用于移动货币、小额保险和其他支持弹性的（数字）金融服务的金融监管举措 • 制定考量环境和社会风险的 ESRM 指导方针 • 增强金融机构可持续发展意识与能力 • 制定面向中小微企业和小农经济的绿色金融支持目录 • 开展面向弱势终端用户的消费者保护、意识提升和能力建设措施	• （线上）向受灾地区转移支持 • 为相关信贷提供补贴或担保 • 树立行业信贷目标
	减缓环境变化	• 推动太阳能和水资源相关资金监管 • 建立向绿色中小微企业或可持续农业提供信贷的激励措施 • 制定考量环境和社会风险的 ESRM 指导方针 • 增强金融机构可持续发展意识与能力 • 引导和激励绿色普惠金融科技创新	• 为投资新的低碳高效实践/技术项目提供补贴或信贷担保 • 树立行业信贷目标

资料来源：AFI, IGF. Policy Brief: Inclusive Green Finance from Concept to Practice. 2021 - 03。

---

① Klaus Prochaska. The 4P Framework of Inclusive Green Finance - Policy Responses to Climate Change [EB/OL]. (2010 - 06 - 18) [2023 - 09 - 25]. AFI. https：//www. afi - global. org/newsroom/blogs/the - 4p - framework - of - inclusive - green - finance - policy - responses - to - climate - change/.

② Inclusive Green Finance Working Group (IGFWG), the University of Luxem bourg. Roadmap for Inclusive Green Finance Implementation [R]. 2022 - 11 - 16.

可持续金融、绿色金融、普惠金融类政策多表现为同时包含绿色与普惠要素的经济体宏观规划或定向支持政策（见表2-4）。部分经济体在宏观战略层面将普惠金融与气候变化联系起来，包括将绿色金融要素纳入国家普惠金融战略（National Financial Inclusion Strategies，NFIS），将绿色金融与普惠金融融合发展要素纳入国家金融部门战略、纳入工具与政策、纳入社会保障计划等，具体战略名称为可持续银行原则、可持续金融路线图、小额信贷行动计划和金融部门发展战略等①。部分经济体在普惠金融政策或定向支持中小微企业、乡村地区等普惠对象的政策中考虑绿色发展。其中，大多数只是鼓励与支持绿色发展，未将其作为强制性限定因素。例如，英国等推出普惠金融支持计划，为小微企业、社区项目和弱势群体的可持续发展提供低利率贷款等金融或财政支持。少数则专项关注绿色中小微或绿色农业等。例如，欧盟推出了农业环境措施，通过补贴与奖励鼓励农民开展土壤保护、气变适应等方面实践，同时欧盟委员会鼓励金融机构将绿色中小微企业融资纳入其业务模式：一是根据欧洲银行管理局的有关建议，制定绿色贷款的标准或定义，特别考虑针对中小微企业的绿色贷款；二是评估对中小微企业友好的绿色资产比率调整，该调整将在《欧盟可持续金融分类法》的未来更新中予以考虑②。美国政府推动建立绿色供应链，鼓励中小企业采购和使用环保产品和材料。新加坡在绿色金融政策与企业发展政策中均为中小企业绿色发展提供额外支持，包括通过企业融资计划——绿色贷款（Enterprise Financing Scheme—Green，EFS - Green）为中小企业贷款提供风险分担。

---

① UN Secretary - General's Special Advocate for Inclusive Finance for Development（UNSGSA）. Inclusive Green Finance Policy—A Policy and Advocacy Approach ［R］. 2023 - 05.

② European Commission. SME Relief Package ［E］. 2023 - 09 - 12.

表 2 - 4　　　　　　　　部分国家绿色金融与普惠金融融合发展政策

类型	国家	具体情况
将绿色金融纳入国家普惠金融战略	斯里兰卡	财政部在世界银行支持下于 2020 年推出的 NFIS 提到了中小企业的绿色金融
	孟加拉国	孟加拉国首个 NFIS 于 2022 年 4 月启动，将绿色金融作为其关键支柱之一。它为纳入受气候变化影响的妇女和人口设定了具体目标
	斐济	斐济的第三个 NFIS 于 2022 年 5 月启动，旨在制定和实施包容性绿色金融指南，包括定义和分类法
	圣多美和普林西比	圣多美和普林西比的 NFIS 2021 - 2025 将 IGF 列为四大战略支柱之一，措施包括规范金融机构强制收集 IGF 数据、将气候风险管理纳入报告框架及有针对性的补贴鼓励机构推出绿色金融产品
将绿色金融与普惠金融融合发展要素纳入国家金融部门战略	摩洛哥	摩洛哥制定了《金融部门与可持续发展保持一致的国家路线图》，讨论了基于风险的社会和环境风险治理、可持续金融工具以及金融包容性作为可持续发展的驱动力
将绿色金融与普惠金融融合发展要素纳入工具与政策	蒙古国	蒙古国金融稳定委员会于 2019 年批准了《蒙古国绿色金融分类目录》，其中提到将支持家庭和小企业的有关绿色活动，以使其与国家有关目标（如减缓、适应气候变化、预防污染、节约资源和改善生计）实现进程一致
	越南	政策支持 IFC 的绿色建筑认证计划，旨在帮助开发商将建筑物的能源和水消耗减少 20%，同时减少温室气体排放
将绿色金融与普惠金融融合发展要素纳入社会保障计划	多哥	多哥在 2020 年实施诺维西计划（Novissi Program），利用地理空间和人口数据，通过预测算法来识别气候脆弱的家庭。该计划刺激了超过170000 个新的移动货币账户的创建，促进了金融包容性和社会安全网的扩大

资料来源：根据联合国普惠金融倡议（United Nations Secretary – General's Special Advocate for Inclusive Finance for Development，UNSGSA）有关报告整理。

国际平台推出的可持续发展相关政策中，影响力较大的包括联合国、世界银行等国际机构，以及 G20 等多边平台。联合国于 2019 年发布《达成可持续发展目标的融资路线图》，系列政策支持不同类型经济体（如发达国家与发展中国家）、不同区域、不同社群之间的平衡发展问题，且关注广泛的普惠对象发展议题，包括中小微企业、性别平等、环境改善、劳动力和投资等①。联合国体系下的负责任投资原则、可持续保险原则等国际倡议均涉及普惠主体绿色可持续发展。世界银行、国际货币基金组织等机构制定政策给予欠发达地区或普惠主体融资优惠，或指导其制定相关政策，以应对与适应气候变化。例如，世界银行在孟加拉国推出"女性中小企业融资项目"，旨在支持建立信贷担保计划（Credit Guarantee Schemes，CGS）、发布中小企业融资政策及加强监管机构和部门的能力。G20 发布可持续金融路线图，提倡提高可持续金融对于发展中经济体和中小企业的可及性和可负担性，适度延缓或降低对于中小企业的信息披露要求，并强化其可持续发展能力建设。

2.2.2　国内政策

总的来看，我国绿色金融与普惠金融融合的专项政策较为有限。国家层面某些会议文件中提及促进绿色金融与普惠金融融合发展，地方层面仅少数绿色金融改革试验区发布涉及绿色金融与普惠金融融合发展的支持举措，但两个层面上关注"三农"绿色发展、碳普惠等相关议题的政策较多（见表 2 - 5）。

一是出台纲领性指导意见或规划方案，对绿色金融与普惠金融融合发展作出战略性安排。2022 年 2 月召开的中央全面深化改革委员会第二十四次会议提出，"要深化金融供给侧结构性改革，把更多金融资源配置到重点领域和薄弱环节，加快补齐县域、小微企业、新型农业经营主体等金融服务短板，促进普惠金融和绿色金融、科创金融等融合发展，提升政策精准度和有效性"。同时，会议审议通过《推进普惠金融高质量发展的实施意见》，为我国下一阶段普惠金融发展明确方向和目标。2023 年 9 月，国务院印发《关于推进普惠金融高质量发展的实施意见》，提出要发挥普惠金融支

---

① 白澄宇，王森，李志全，等. 可持续金融日趋主流 | 全球发展情况、国际经验及对中国的启示. ［EB/OL］. SISD. (2021 - 11 - 24)［2023 - 12 - 10］. https: //sisd. org. cn/express/express599. html.

持绿色低碳发展作用，在普惠金融重点领域服务中融入绿色低碳发展目标。

地方层面，部分省市的绿色金融或普惠金融规划已布局二者的融合发展。例如，2022 年 7 月，江西省绿色金融改革创新工作领导小组办公室印发《江西省绿色金融发展规划（2022—2025 年）》，提出要推动社会绿色转型与普惠相协调，加强绿色金融和普惠金融相互促进，并从探索绿色普惠融合发展新机制、深化绿色金融与普惠金融融合发展产品服务创新、提升绿色金融与普惠金融融合发展配套等方面作出了工作部署。

二是出台财政激励政策，引导金融机构将资源更多投入绿色金融与普惠金融融合发展领域。如浙江湖州于 2023 年印发《湖州市 2023 年绿色金融改革创新推进计划》（湖政办发〔2023〕32 号），将绿色金融与普惠金融融合发展作为绿色金融改革的目标任务之一，明确制定转型金融、绿色金融与普惠金融融合发展等财政支持政策，建立绿色贷款、绿色保险、绿色债券、绿色融资担保等财政奖补机制（见表 2－6）。江西赣江新区于 2022 年 7 月发布《赣江新区普惠金融发展示范区建设实施方案》《赣江新区普惠金融财政奖补专项资金管理办法》，鼓励金融机构聚焦绿色金融与普惠金融融合发展全业务体系，在组织建设、专业团队、产品创新、服务质量、考评导向等方面形成"绿色＋普惠"融合发展的强大合力①。

三是金融管理部门出台监管政策，指导绿色金融与普惠金融融合发展。如广东银保监局于 2022 年 12 月印发《推进广东银行业保险业绿色金融发展的指导意见》，指出"银行保险机构应当助力建设人与自然和谐共生的绿色发展示范区，发展绿色普惠金融"。

四是出台碳普惠、林业普惠等特定领域的支持政策。如深圳、天津等多地推出碳普惠体系建设方案，形成碳普惠体系顶层设计，构建相关制度标准和方法学体系，完善碳普惠核证减排量交易机制，建立碳普惠商业激

---

① 赣江新区人民政府 . 赣江新区多措并举推进普惠金融发展示范区建设［N］.（2022－07－20）［2023－12－22］. 江西赣江新区网，http：//www. gjxq. gov. cn/art/2022/7/20/art_38877_4036695. html.

励机制①；福建龙岩等地发布林业普惠金融服务专项实施方案，完善林权评估、收储、担保、流转、贷款"五位一体"林业金融服务体系②。

表 2-5　　　　　部分绿色金融与普惠金融融合发展政策梳理

时间	发布机构	政策文件名称	政策内容
2022-02	中央全面深化改革委员会	《推进普惠金融高质量发展的实施意见》	明确要求健全具有高度适应性、竞争力、普惠性的现代金融体系，更好满足人民群众和实体经济多样化的金融需求
2023-09	国务院	《关于推进普惠金融高质量发展的实施意见》	发挥普惠金融支持绿色低碳发展作用，在普惠金融重点领域服务中融入绿色低碳发展目标
2022-06	广东省办公厅	《广东省发展绿色金融支持碳达峰行动的实施方案》（粤办函〔2022〕19号）	围绕广东省区域均衡发展布局，鼓励符合条件的园区、地区和机构积极申报开展碳账户、碳普惠、碳汇等绿色普惠金融创新试点
2022-07	江西省绿色金融改革创新工作领导小组办公室	《江西省绿色金融发展规划（2022—2025年)》	将"推动社会绿色转型与普惠相协调，加强绿色金融和普惠金融相互促进"列为重点任务之一，具体事项包括探索绿色普惠融合发展新机制，深化绿色普惠金融产品服务创新，提升绿色普惠金融发展配套
2022-07	赣江新区	《赣江新区普惠金融发展示范区建设实施方案》《赣江新区普惠金融财政奖补专项资金管理办法》	鼓励金融机构聚焦绿色普惠金融全业务体系，在组织建设、专业团队、产品创新、服务质量、考评导向等方面形成"绿色＋普惠"融合发展的强大合力

---

① 深圳市人民政府办公厅关于印发《深圳碳普惠体系建设工作方案》的通知［EB/OL］.（2021-11-12）［2023-12-20］. 深圳政府在线. https://www.sz.gov.cn/cn/xxgk/zfxxgj/tzgg/content/post_9371178.html.

② 龙岩市林业局 龙岩市财政局 龙岩市地方金融监督管理局 人民银行龙岩市中心支行　中国银保监会龙岩监管分局 关于印发龙岩市林业普惠金融服务专项 实施方案（2020—2022年）的通知［EB/OL］.（2020-12-28）［2023-12-25］. http://www.longyan.gov.cn/gk/flgk/ghxx/zxgh/202101/t20210112_1757403.htm.

续表

时间	发布机构	政策文件名称	政策内容
2022－08	兰州新区管委会办公室	《2022年兰州新区普惠金融发展示范区建设实施方案》	加快支农信贷产品与模式创新，推动绿色发展与支农惠农之间的融合，重点支持现代农业、农业生产排污处理等绿色农业产业项目。创新推广农业绿色综合金融服务，结合绿色发展的金融需求，因地制宜打造农业保险、农业融资租赁、农业互联网小额信用贷款等产品。创新农村保险服务，推广农产品价格指数保险等支农险种，鼓励保险资金支持农业现代化产业建设。扩大小额贷款保证保险、信用保险覆盖面，发挥保单对贷款的增信作用
2023－05	湖州市人民政府办公室	《湖州市2023年绿色金融改革创新推进计划》（湖政办发〔2023〕32号）	将绿色普惠金融融合发展作为绿金改革的目标任务之一，并明确了有关部门的职责分工，以共同推进评价标准、能力建设、产品服务、担保体系四项重点工作
2023－05	台州市人民代表大会常务委员会	《台州市小微企业普惠金融服务促进条例》	支持金融机构、地方金融组织推动普惠金融和绿色金融融合发展，创新小微企业绿色金融产品和服务。市、县（市、区）人民政府有关部门应当会同中央金融管理部门驻台机构在绿色信贷识别、绿色主体评价、绿色信息共享、绿色转型、碳核算等方面为小微企业提供支持，开展小微企业绿色金融服务工作
2020－12	龙岩市林业局、市财政局、市金融办等	《龙岩市林业普惠金融服务专项实施方案（2020—2022年）》	完善林权评估、收储、担保、流转、贷款"五位一体"林业金融服务体系
2021－11	深圳市人民政府办公厅	《深圳碳普惠体系建设工作方案》	构建品牌显著、吸引力强、全民参与且持续运营的碳普惠体系，小微企业、社区家庭和个人通过节能减碳行为产生的减排量可量化转换成碳积分，并通过政策鼓励、商业激励、公益支持和核证后交易赋值"四驱"联动，推动形成绿色低碳生产生活方式，助力实现"双碳"目标

续表

时间	发布机构	政策文件名称	政策内容
2023-01	天津市生态环境局、市发展改革委等	《天津市碳普惠体系建设方案》	规划了"十五五"中期前开展碳普惠体系建设的工作目标，2024年完成碳普惠体系顶层设计，2026年基本形成碳普惠制度框架，"十五五"中期，持续完善和深化碳普惠制度标准和运营机制
2023-09	上海市生态环境局	《上海市碳普惠管理办法（试行）》	共七章四十三条，包括总则，方法学管理，减排项目和减排场景管理，减排量签发、碳积分转换和碳信用记录，减排量和碳积分消纳，监督、激励和管理，以及附则
2024-01	国家金融监督管理总局福建监管局	《福建普惠金融与绿色金融融合发展的指导意见》	从完善工作机制、创新产品服务体系、完善制度体系等布局建设绿色普惠金融；明确聚焦绿色有机农业、实体经济绿色转型升级、大众绿色消费三大重点领域

资料来源：根据中央财经大学绿色金融国际研究院素材及公开资料整理。

表2-6　　　　浙江省湖州市绿色金融与普惠金融融合发展规划

政策内容	负责单位
完善绿色小微企业评价标准，迭代升级融资主体ESG评价模型5.0和数字化应用，鼓励金融机构开发与ESG挂钩的金融产品，促进中小微企业可持续发展	市金融办、人民银行市分行、市银保监局
加强银行机构绿色普惠能力建设，研制银行业金融机构绿色普惠服务综合能力评价标准。加大绿色小微企业金融服务力度，形成小微快贷等绿色普惠金融产品	人民银行市分行
围绕小微企业在环境治理、安全生产、职工健康、产品质量等方面的保险需求，探索ESG保险服务	市银保监局
创新绿色担保体系，为普惠融资主体提供绿色担保服务，力争至2023年末，全市绿色担保余额达到3亿元以上	市金融办、市政策担保公司

资料来源：《湖州市人民政府办公室关于印发湖州市2023年绿色金融改革创新推进计划的通知》。

2.3　我国金融支持普惠主体绿色发展的相关实践

近年来，我国在绿色金融和普惠金融相关领域开展了深入的探索，并成功地将相关理念和经验推向国际社会。聚焦绿色普惠发展领域，我国部分地区及金融机构已先行先试，构建了绿色普惠融合发展要素，取得了一定的探索经验。本章介绍了金融支持重点普惠主体绿色发展的市场总体情况，并分别阐述了部分地区与金融机构在推进绿色金融与普惠金融融合发展方面的实践。

2.3.1　金融支持普惠主体绿色发展市场总体情况

2.3.1.1　金融支持小微企业绿色低碳发展现状

小微企业高质量发展受到重视，绿色融资渠道逐步拓展，且融资方式以银行贷款为主。2018 年，银监会发布《关于 2018 年推动银行业小微企业金融服务高质量发展的通知》，引导银行业小微企业金融服务由高速增长转向高质量发展，在银行业普惠金融重点领域贷款统计指标体系的基础上，以普惠型小微企业贷款为考核重点，努力实现"两增两控"目标。普惠金融经过多年的发展，小微企业等普惠主体的融资环境已大有改善，绿色融资渠道包括集合票据、银行贷款、股权融资、保险、担保、供应链金融等（见表 2 - 7）。其中，银行贷款是小微企业主要融资方式之一①。根据国家金融监督管理总局数据，截至 2023 年末，我国普惠型小微企业贷款余额 29.06 万亿元，较年初增长 23.27%，2023 年新发放的普惠型小微企业贷款

---

① 根据中国人民银行与国家金融监督管理总局的定义，普惠型小微企业贷款的适用对象包括符合一定规模条件的小型微型企业，小微企业主、个体工商户等。因此，本章所指的小微企业包含个体工商户与小微企业主的概念。

平均利率 4.78%，较 2022 年下降 0.47 个百分点[①]。

表 2-7 小微企业绿色融资方式

融资方式	基本情况
集合票据	资本市场上，交易商协会推出集合票据，是用于集合 2 个以上、10 个以下具有法人资格的中小企业，在银行间债券市场以统一产品设计、统一券种冠名、统一信用增进、统一发行注册方式共同发行的、约定在一定期限还本付息的债务融资工具。该产品规避了中小企业单体发行债券的弊端，由主体信用等级较高的信用增信机构为中小企业提供信用增级，通过创新手段提升中小企业获得融资的机会，一定程度上减少中小企业融资成本
银行贷款	根据《中国人民银行关于对普惠金融实施定向降准的通知》（银发〔2017〕222 号），普惠金融领域贷款的类型包括小（微）企业贷款、个体工商户经营性贷款、小微企业主经营性贷款等。在普惠小微贷款认定上，中国人民银行于 2024 年将普惠小微贷款的认定标准由现行单户授信不超过 1000 万元放宽到不超过 2000 万元。2019 年 12 月，湖州市发布地方标准《绿色普惠贷款实施要求》（DB 3305/T 136 - 2019），明确了绿色普惠贷款定义，并公布界定目录
股权融资	小微企业股权融资主要经过天使投资、风险投资、私募股权投资及首次公开募股四个阶段。目前，通过 IPO 在上海证券交易所和深圳证券交易所进行公开募股融资的小微企业数量少，主要是由于交易所对于 IPO 上市的中小微企业要求严格。 2022 年 10 月 26 日，国务院印发的《2030 年前碳达峰行动方案》提出，拓展绿色债券市场的深度和广度，支持符合条件的绿色企业上市融资、挂牌融资和再融资，为小微企业绿色股权融资带来机遇
保险	我国普惠保险业务主要以服务对象进行划分，涵盖服务"三农"的农业保险、服务小微企业的信用保证保险、健康养老领域的护理险、城市定制商业健康险等多类产品[②]。政企合作模式是普惠保险发展的主要路径
担保	部分政府构建并深化融资担保体系，持续优化金融供给，成立地方担保集团公司，为小微企业提供担保支持

---

① 2023 年末全国普惠型小微企业贷款余额增长超 23%［EB/OL］.（2024 - 01 - 13）［2024 - 06 - 13］. 央视网，https://news.cctv.com/2024/01/13/ARTI9OMcT8IzmVXAFogF2NzV240113.shtml.

② 庞圆圆. 普惠保险的内涵、发展现状及趋势［J］. 中国保险，2023（2）.

续表

融资方式	基本情况
供应链金融	供应链金融以供应链整体为视角，运用金融科技技术，以供应链主导的核心企业，规避小微企业业务稳定性不足、财务信息不规范等问题，打造核心企业与上下游企业一体化的金融供给体系和风险评估体系，提供系统性金融解决方案。供应链金融极大地帮助了小微企业进行融资

资料来源：根据中诚信绿金科技有限公司有关材料整理。

从贷款结构来看，普惠小微企业贷款和绿色贷款均保持同比高增，信贷结构进一步优化。2017—2023 年，我国普惠小微企业贷款的复合年度增长率约为 24.83%，且 2022 全年新增普惠小微企业贷款 5.46 万亿元，同比多增 9600 亿元[①]。其中，大型商业银行普惠小微贷款规模最大，达到 11.6万亿元，在银行业中的占比近 40%（见图 2 - 1），同比增速达 34.6%。其余三类金融机构的小微贷款同比增速分别为：股份制商业银行约为 15.1%，城市商业银行约为 19.5%，农村金融机构约为 16.1%[②]。另外，根据中国人民银行统计，截至 2023 年末，我国本外币绿色贷款余额 30.08 万亿元（见图 2 - 2），同比增长 36.5%，比上年末低 2 个百分点，高于各项贷款增速 26.4 个百分点，比年初增加 8.48 万亿元。其中，投向具有直接和间接碳减排效益项目的贷款分别为 10.43 万亿元和 9.81 万亿元，合计占绿色贷款的 67.3%[③]。

2.3.1.2　小微企业绿色融资需求规模测算

本部分从两个不同的视角梳理小微企业绿色融资需求：一是小微企业作为普惠主体的绿色融资需求，二是绿色融资需求中涉及小微企业的部分。

---

① 课题组根据国家金融监管总局数据测算所得。

② 毕马威 . 2024 年中国银行业调查报告 ［R］. 2024 - 06.

③ 中国人民银行 . 2023 年金融机构贷款投向统计报告 ［EB/OL］. （2024 - 01 - 26）［2024 - 05 - 28］. http：//www. pbc. gov. cn/goutongjiaoliu/113456/113469/5221508/index. html.

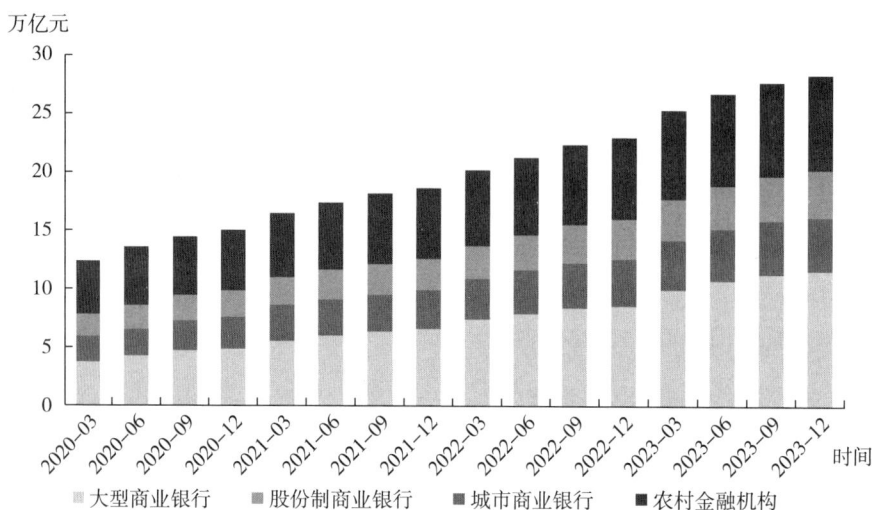

图 2 - 1　我国普惠型小微企业贷款余额——按银行类型分布

（资料来源：《2024 年中国银行业调查报告》，毕马威根据 Wind 数据整理）

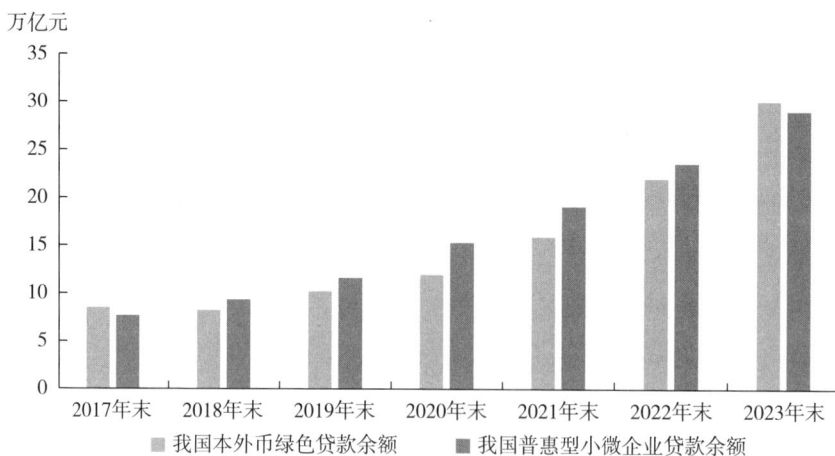

图 2 - 2　2017—2023 年我国绿色贷款与普惠型小微企业贷款

（资料来源：根据中国人民银行、银保监会、国家金融监督管理总局数据整理）

作为普惠主体，小微企业的绿色融资需求可由普惠型小微企业融资规模及增速，以及绿色融资规模占比等要素作综合评估。随着我国对大型国有银行等银行业金融机构普惠金融要求的趋严，以及"双碳"背景下小微企业绿色发展的受关注程度升高，课题组认为，未来小微企业的普惠融资规模与绿色融资占比均会增加。从普惠型小微企业贷款看，中国人民银行已将普惠小微贷款支持工具实施期限从 2023 年 6 月末延长到了 2024 年末，并将进行优化调整，继续激励银行为小微企业提供融资支持。艾瑞资讯预测，未来几年普惠型小微企业贷款余额规模将继续保持高速增长，到 2026 年，普惠型小微企业贷款余额规模将达到 64 万亿元（见图 2 - 3），占小微企业贷款余额规模的比例达到 55.7%[①]。同时，受政策支持与市场发展影响，其他类型的小微企业融资也将进一步增长。例如，2023 上半年，有 210 家国家级专精特新"小巨人"企业获得股权融资金额约 983 亿元；"小巨人"企业层面的股权融资占整个股权市场融资数量、融资金额的比例增幅巨大[②]。根据课题组初步推算，从 2023—2030 年，小微企业的普惠型融资中绿色融资（包括但不限于银行贷款）需求为 21 万亿 ~ 63 万亿元。

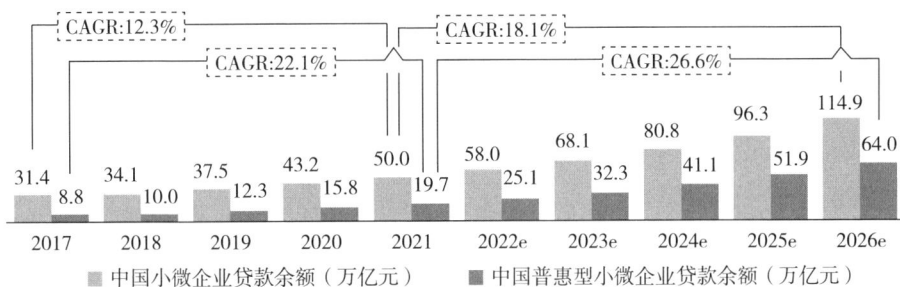

图 2 - 3　2017—2026 年中国小微企业贷款余额与普惠型小微企业贷款余额[③]

（资料来源：《小微融资发展与展望研究报告》，艾瑞研究院研究测算，

原始数据来自中国政府网、中国人民银行、中国银行业协会、银保监会等）

---

①　艾瑞咨询，信也，中国中小企业协会，人民日报数字传播 . 2022 年小微融资发展与展望研究报告［R］. 2023 - 02.

②　今年上半年 200 余家国家级"小巨人"获近千亿股权融资［N］.（2023 - 07 - 13）［2023 - 11 - 09］. 财经网 . https：//finance. sina. com. cn/roll/2023 - 07 - 13/doc - imzapwap9175796. shtml？cref = cj.

③　此处的普惠型小微企业贷款余额规模包括国家金融监督管理总局披露的银行业金融机构提供的普惠型小微企业贷款规模及未被统计在内的小贷公司为小微企业提供的贷款规模。

从绿色融资需求看，未来几年将继续以绿色贷款为主，且流向小微企业的绿色融资比重将有所增加。根据北京绿色金融与可持续发展研究院的预测，在碳中和背景下，我国自2021—2050年的30年间绿色低碳投资累计需求将达487万亿元人民币（约合73万亿美元）。在其他类型融资方面，中金公司考虑到2022年我国绿色投资同比增长超过20%，认为未来5年有望累计增加高达16万亿元投资，增长率预期明显高于房地产和基建等传统行业[①]。另外，虽然小微企业是重要主体（截至2022年底，"专精特新"中小企业已占A股上市企业总数的27%，占2022年新上市企业数量的59%[②]；我国中小微企业碳排放量占比约为50%[③]），但在目前的绿色贷款统计中，不同地区/金融机构流入小微企业等普惠主体的资金占比差异较大，范围为1%～50%。综合考虑公开信息与调研情况，课题组认为2023—2030年我国绿色融资中小微企业的需求为20万亿～60万亿元（见表2－8）。

表2－8　　　　　　　　　我国小微企业绿色融资需求预测

从普惠金融维度推算	2023—2030年	从绿色金融维度推算	2023—2030年
普惠型小微企业贷款需求	60万亿～75万亿元	绿色贷款需求	65万亿～80万亿元
小微企业其他类型融资需求	10万亿～30万亿元	其他绿色融资需求	35万亿～70万亿元
小微企业融资需求中绿色领域融资年均资金占比	30%～60%	绿色融资中小微企业的需求年均资金占比	20%～40%
小微企业绿色融资需求	21万亿～63万亿元	小微企业绿色融资需求	20万亿～60万亿元

资料来源：课题组估算所得。

---

① 王琳琳. 中金公司黄朝晖：未来五年中国绿色经济有望累计增加16万亿投资［N］.（2023－03－25）［2023－12－28］. 新京报. https：//baijiahao. baidu. com/s？id＝1761329620258620114&wfr＝spider&for＝pc.

② 畅婉洁，徐英子. 如是金融研究院院长、首席经济学家管清友：小微企业要形成新发展阶段竞争力［EB/OL］.（2023－03－06）［2023－12－30］. http：//paper. people. com. cn/mszk/html/2023－03/06/content＿25969961. htm.

③ 服贸观止 | 央行金融研究所副所长卜永祥：绿色金融要发挥对"三农"、小微低碳转型的引导和支持［N］. 北京商报，2022－09－04.

2.3.2　地方实践

2.3.2.1　山东省绿色金融与普惠金融融合发展实践研究

山东省正处于新旧动能转换实现绿色低碳高质量发展的关键时期，以"四新"和"四化"为代表的产业集群再造和产业链重构，给中小企业带来新的发展机遇。在绿色金融与普惠金融融合发展领域，山东省政策部署与产品创新双管齐下，做深做实做细产业和能源转型的金融资源供给措施。

2.3.2.1.1　山东省绿色金融与普惠金融融合发展的政策部署

一是在金融发展规划及方案中提出促进绿色普惠融合发展。2021 年 7 月，山东省地方金融监管局印发了《山东省"十四五"金融业发展规划》（鲁金监发〔2021〕4 号），提出要发展普惠金融，促进民营企业和小微企业健康成长及发展绿色金融，助力"碳达峰碳中和"。

2023 年 6 月，中国人民银行济南中心支行印发《"绿色金融深化发展年"专项行动方案》，旨在通过畅通金融资源绿色化配置，更好实现金融与经济、生态融合发展和良性互动，力争实现一个"全覆盖"、两个"走在前"、三个"开新局"目标。其中三个"开新局"是在探索形成可复制可推广的特色金融服务模式，绿色金融区域试点示范行动，推动绿色金融与金融科技、普惠金融等深度融合三个方面开创新局面。

二是出台鼓励绿色金融与普惠金融融合发展的激励政策。2022 年 3 月，中国人民银行济南中心支行出台《关于贯彻稳健货币政策 支持山东省黄河流域生态保护和高质量发展的意见》（以下简称《意见》），就做好山东黄河流域生态保护和高质量发展金融支持工作提出 30 条具体措施。《意见》提出，将用好普惠小微贷款支持工具、再贷款再贴现、降准等货币政策工具，引导金融机构围绕生态保护和高质量发展两大主题，按照市场化原则优化倾斜信贷资源配置，增强信贷总量增长的稳定性。2022 年 7 月，山东省工业和信息化厅印发《省级小微企业"创新服务券"管理实施细则》（鲁工信非公

〔2022〕147号），对符合条件的小型微型等企业给予补助，重点支持方向和适用产品类别包括绿色低碳服务。

三是建设发展碳金融及碳普惠。2023年1月，山东省生态环境厅和山东省发展改革委联合印发了《山东省碳普惠体系建设工作方案》（鲁环发〔2023〕1号），明确要构建相关制度标准和方法学体系，搭建碳普惠平台，探索建立个人碳账户和多层次碳普惠核证减排量消纳渠道，基本形成规则清晰、场景多样、发展可持续的碳普惠生态圈。2023年4月，山东省人民政府办公厅印发了《山东省碳金融发展三年行动方案（2023—2025年)》（鲁政办字〔2023〕43号），提出为企业开展碳融资提供增信服务，落实政府性融资担保机构代偿风险补偿机制，支持政府性融资担保机构对符合条件的小微企业绿色信贷提供担保服务。

2.3.2.1.2　山东省绿色金融与普惠金融融合发展产品与服务创新

一是打造绿色普惠管理模式。如德州农商银行积极倡导"绿色信贷"理念，深耕"绿色普惠金融"，以"四张清单"对接为渠道，打造"公司部服务＋网格化管理"模式，成立企业"普惠金融服务队"，派驻16名公司业务部专职骨干力量开展上门辅导，"一企一策"提供金融方案，对辖内绿色环保、绿色低碳企业做好"金融管家"服务。同时，实行"线上＋线下"服务渠道，为企业提供包括电子银行、支付结算、电商平台等"一揽子"金融服务，实现企业资金结算高效快捷，推动"绿色产业"发展①。

二是科技赋能绿色金融与普惠金融融合发展。如齐鲁银行充分发挥数字化转型优势，以金融科技为支撑，打造绿色生活金融服务平台。借助大数据、人工智能、物联网等金融科技力量，探索数字化下的绿色金融与普惠金融融合发展产品新模式，加大绿色金融、普惠金融和科技金融的"三融合"，如开展绿色小额贷款、绿色信用卡、绿色理财产品，创新绿色金融与普惠金融融

---

① 齐鲁壹点. 德州农商银行｜绿色金融"输血"绿色产业［EB/OL］. （2023－11－22）［2023－12－28］. https：//baijiahao. baidu. com/s？id＝1783256601169603640&wfr＝spider&for＝pc.

合发展众筹、采用区块链等技术手段管理绿色金融资产等，提升产品的创新性和服务质量①。

三是深耕"三农"促进普惠主体绿色转型。如农业银行山东分行依托三农金融事业部体制机制，塑造了服务"三农"业务特色和品牌优势，创新推出"金穗齐鲁·乡村振兴贷""田园综合体兴农贷""齐鲁富民贷""文旅振兴贷""金穗新市民贷"等系列产品②。山东莱阳农商银行积极探索"金融＋定向企业＋党支部领办合作社＋农户"模式，大力发展绿色生态循环农业，有效带动农民就业，提升经济效益，助力乡村振兴③。

四是拓展小微企业绿色供应链产品。如山东济宁银行充分发挥供应链核心企业的信用作用，将绿色金融与供应链金融相结合，实施"绿色装配建筑贷"与"卖方宝"强强联合，进一步提升资金向绿色环保领域流动效率，解决小微企业融资难问题，以绿色产业链落实"低碳"政策。

五是开立"碳账户"鼓励个人绿色支付低碳生活。如济宁银行以金融科技为支撑，在慧济生活 App 设立个人碳账户，市民群众通过"碳账户"开展线上理财、线上贷款、线上支付、线上缴费，实现绿色出行、绿色消费，减少用纸、用电和能源消耗，从而达到降低碳排放量的目的④。

2.3.2.2　浙江省绿色金融与普惠金融融合发展实践研究

浙江省是金融改革示范先行区，多个以普惠金融、绿色金融为主题的改革试验区先后落户浙江，如 2012 年 3 月，丽水获批全国首个"行省共建"农村金融改革试点；2015 年 12 月，台州获批全国小微企业金融服务改

① 山东省银行业协会. 齐鲁银行：实施绿色发展战略 助力高质量发展［EB/OL］.（2023 - 11 - 09）［2024 - 03 - 16］. https：//stock. 10jqka. com. cn/20231109/c652036507. shtml.

② 经济日报. 农业银行山东省分行：勇当领军主力 服务实体经济高质量发展［EB/OL］.（2022 - 09 - 23）［2023 - 08 - 29］. http：//paper. ce. cn/pad/content/202209/23/content_ 261341. html.

③ 中国银行保险报. 山东莱阳农商银行支持乡村振兴打出"组合拳"［EB/OL］.（2022 - 05 - 30）［2023 - 09 - 25］. http：//www. cbimc. cn/content/2022 - 04/29/content_ 460749. html.

④ 中国商报网. 山东济宁银行绿色信贷突破 30 亿元［EB/OL］.［2022 - 05］. https：//www. zg-swcn. com/article/202205/202205301239571061. html.

革创新试验区；2017 年 6 月，湖州、衢州获批全国首批绿色金融改革创新试验区；2019 年 11 月，宁波获批全国普惠金融改革试验区。浙江省也较早开始探索推进绿色金融与普惠金融的融合发展，注重探索金融在支持小微企业绿色转型、促进绿色农业发展和引导居民绿色行为方面的体制机制创新，初步形成了一条"让普惠更加绿色、让绿色更加普惠"的普惠金融与绿色金融融合发展之路①。

2.3.2.2.1 浙江省绿色金融与普惠金融融合发展的政策部署

浙江省尚未在省级层面出台绿色金融与普惠金融融合的专门性政策，而是在地方性政策文件中将推动绿色普惠融合发展纳入金融发展的重要方向。2020 年，浙江省印发了《关于金融支持浙江经济绿色发展的实施意见》，提出"推广应用湖州绿色金融监管综合信息系统、衢州绿色金融五量评价和绿色普惠评价，以及丽水绿色金融地图集、温度计、雷达图等监测评价体系"。

在地市层面，绿色金融与普惠金融融合发展的探索较为丰富，既有推进绿色普惠融合发展的专项工作方案，也有将绿色普惠融合发展列为重点工作目标的地方性法规及规划，以及出台了一系列财税货币激励政策，激发绿色普惠融合发展的内生动力②。

一是出台专项工作方案，深化绿色普惠融合发展的工作机制。2023 年，衢州市出台国内首个《绿色金融与普惠金融融合发展试点工作方案》，紧紧围绕"让绿色更普惠、让普惠更绿色，推进普惠主体绿色低碳转型"的工作思路，积极试点推动绿色金融与普惠金融融合发展工作，从形成一套工作机制、建立一套监测标准、识别一批支持主体、探索一套政策服务体系四个方面进行了工作部署。

二是出台地方性法规及规划，明确绿色普惠融合发展的重点目标。2017 年，衢州市出台《中共衢州市委、衢州市人民政府关于推进绿色金融

① 张奎. 普惠金融与绿色金融融合发展的浙江实践［J］. 中国金融，2022（21）.
② 王方琪. 绿色普惠金融进阶［N］. 中国银行保险报，2024－02－01（005）.

改革创新试验区建设的实施意见》（衢委发〔2017〕16 号），提出要坚持绿色金融与互联网金融、科技金融、普惠金融协同发展。2022 年，衢州市制定了《衢州市绿色金融发展"十四五"规划》（衢发改发〔2022〕5 号），将坚持绿色金融与普惠金融相结合作为衢州市"十四五"时期绿色金融发展的基本原则之一。2023 年 5 月，台州市发布了《台州市小微企业普惠金融服务促进条例》，这是全国首部为小微金融立法的地方性法规，其中明确提出要支持金融机构、地方金融组织推动普惠金融和绿色金融融合发展，创新小微企业绿色金融产品和服务。2023 年 5 月，湖州市印发了《湖州市 2023 年绿色金融改革创新推进计划》（湖政办发〔2023〕32 号），将绿色金融与普惠金融融合发展作为绿金改革的目标任务之一，探索构建高质量、低碳化、普惠型绿色金融服务体系。

三是出台政策激励机制，激发绿色普惠融合发展的内生动力。湖州市积极推动绿色普惠相关的财税政策、货币政策融合，通过减少成本和增加利润的方式引导金融资源投入绿色普惠领域。比如，湖州市政府出台《湖州市建设国家绿色金融改革创新试验区的若干意见》（湖政办发〔2017〕95 号，简称"绿色金融 25 条"）等政策，安排 10 亿元财政专项资金和 1 亿元贴息资金，对绿色小微企业融资等进行奖补；安排 5000 万元"绿贷险"扶持资金、3 亿元"绿贷保"信保基金，为小微企业和"三农"提供担保增信；人民银行再贷款、央行评级充分考虑绿色金融因素，并将普惠小微贷款纳入考核等。

2.3.2.2.2　浙江省绿色金融与普惠金融融合发展的标准规范

在省级层面，浙江省探索出台了绿色金融与普惠金融融合发展的团体标准。2022 年 11 月，浙江省金融学会正式发布了《小微企业绿色评价规范》团体标准。该标准在人民银行杭州中心支行、台州市中心支行、湖州市中心支行及湖州金融办指导下，由蚂蚁集团、芝麻企业信用、网商银行、北京绿色金融与可持续发展研究院等单位联合起草，体现了浙江省在绿色金融与普惠金融融合发展方面的探索和实践，是全国首个支持小微企业绿色低碳发展的金融标准[①]。该标准结合小微企业及个体工商户的特点，构建了一套针对小微企业主体环境友好度的评价指标体系，并通过将绿色评价与可持续发展目标相结合，提升了评价数据的维度和可获得性。

在地市层面，多个地市积极探索发布绿色普惠地方标准。如湖州从 2019 年起率先制定并发布了《绿色农业贷款实施规范》《绿色普惠信贷实施要求》等绿色普惠地方标准，为金融机构识别普惠中的绿色，提供了可操作的指引。

2.3.2.2.3　浙江省绿色金融与普惠金融融合发展产品与服务创新[②]

一是推动辖内中小法人银行提升绿色金融与普惠金融融合发展服务能力。例如，泰隆商业银行湖州分行形成了社区化经营的绿色普惠模式，以物理网点为中心，网格化开拓小微客户，并用好绿色金融专项资金，降低小微融资成本。又如，安吉农商银行在全国地方性小法人机构中成立首个绿色金融事业部，出台绿色普惠金融融合试点方案，建立绿色组织、绿色运营、绿色文化三大机制，以及绿色指标、绿色风控、绿色人才、绿色考评四大体系等，连续两年在全省绿色信贷业绩评价中排名前三位，打造了法人银行中的"绿色普惠标杆行"。

二是聚焦小微、"三农"，做好金融支持绿色低碳转型的文章。如湖州银行针对小微企业减碳技改等融资需求，先后推出"绿色园区贷""绿色小微快贷"等产品，支持园区内"低小散"企业以及童装、商贸领域小微企业低碳转型。其中，通过"绿色园区贷"支持吴兴砂洗城园区项目，带动当地砂洗印染行业每年减少污水排放 100 万吨、减少烟尘排放 12.6 万吨、节电 1300 万千瓦时。目前，该模式已推广到 41 个园区，贷款余额为 21.51 亿元，惠及小微企业 355 户。"绿色小微快贷"将企业 ESG 表现与信用风险

---

① 张芳，沈燕鸿，章璐. 绿色金融支持地方绿色低碳高质量发展进展与展望［J］. 现代金融导刊，2023（9）.

② 除另有标注外，本小节数据均由课题组调研所得。

模型相结合，通过平均 10～20 个基点的利率优惠引导小微企业绿色转型。同时，还通过科技赋能推出信贷工厂作业化操作模式，最快实现 T＋0 授信和放贷。截至 2023 年 6 月末，湖州银行绿色小微快贷授信 185 户，授信金额达 3.7 亿元。

在"三农"领域，安吉农商银行推出全国首个"农房绿色建筑贷"，支持农房绿色新建或改建。截至 2023 年 7 月，已发放贷款超 1 亿元。德清农商银行针对粮食种植和渔业养殖，将项目碳排放情况和绿色低碳评价结果纳入产品审批要素，刺激农业经营主体减排积极性。截至 2023 年 7 月，已经成功为 988 户渔业养殖农户发放了 4.82 亿元低碳养殖绿色贷，为 210 户水稻种植农户发放了 0.51 亿元低碳种植绿色贷，利率平均下浮 50 个基点，让利超过 250 万元。

三是聚焦生态资源，做好金融支持价值转化的文章。依托安吉全国首个竹林碳汇交易平台、德清湿地碳汇等生态经济体系，人民银行湖州分行指导金融机构提供全链条金融支持，打通将绿水青山转化为金山银山的通道。截至 2023 年 7 月，已发放碳汇系列贷款 56.46 亿元，涉及 87 万亩竹林，每年为农户增收近 1500 万元。

四是聚焦个人行为，做好金融支持社会低碳治理的文章。金融机构通过大数据建模，创新推出绿币、碳积分等体系，将居民绿色行为转化为绿币或碳积分，并配套开发绿色信贷产品、给予利率优惠支持。例如，德清农商银行推出"绿币公益贷"，截至 2024 年 8 月，已发放贷款近 2 亿元[①]。安吉农商银行建立了"两山绿币"体系，截至 2023 年 6 月，累计吸纳客户 17 万余人，倡导居民绿色低碳出行 3254 万千米，实现二氧化碳减排 7361 吨。通过金融产品端的创新，以及用金融资源撬动居民低碳生活，浙江省逐渐构建起了绿色普惠生态圈，进而提升了金融服务的质效。

---

① 章露桦，刘瑜，蔡家豪．浙江德清：金融支持生物多样性保护［EB/OL］．（2024－08－30）［2024－10－15］．科技金融网，http：//www.kjjrw.com.cn/system/2024/08/30/015099567.shtml.

2.3.2.3 我国地方实践经验总结

当前，绿色金融与普惠金融的融合发展仍处于起步阶段，缺乏被广泛采纳的识别标准，配套的激励机制、金融产品创新等方面均有待推进。与此同时，部分地方政府也积极探索，从政策制度、标准建立、科技赋能和鼓励产品创新等维度，引导资金投向绿色金融与普惠金融融合发展领域。

一是建立推动绿色普惠融合发展的政策制度。当前绿色普惠融合发展的政策体系仍处于探索阶段，但部分地区已通过出台绿色普惠融合发展专项工作方案、在地方性政策文件中将推动绿色普惠融合发展纳入金融发展方向、出台绿色普惠相关的财税货币政策激励机制等方式探索支持绿色普惠融合的政策制度。通过建立自上而下的政策支持体系，尤其是奖补贴息的财政货币激励机制，能够有效引导金融资源投入绿色普惠领域，有力促进绿色金融与普惠金融融合发展。

二是明确针对小微主体及其行为的绿色识别标准。国家层面尚未出台绿色普惠的界定标准，地方主要从主体认定及场景认定两个方面入手进行小微主体的绿色识别。如湖州使用融资主体 ESG 评价系统对小微企业进行绿色评价，帮助金融机构高效识别并支持绿色小微企业；台州"微绿达"通过梳理绿色小微场景等手段实现流贷智能绿色认定，从场景认定的角度确定绿色普惠贷款的识别标准。

三是科技赋能提升绿色金融与普惠金融融合发展质效。运用数字科技技术加强金融基础设施建设，为绿色普惠政策执行提供支撑。建立银企对接平台，能够推动信用信息共享，破解信息不对称难题；建立碳账户系统，对社会主体的碳足迹进行全面记录、科学核算、公正评价，通过开发碳账户金融、用能预算化管理、"零废生活"等应用场景，对普惠主体形成"碳激励"，为金融支持小微企业提供了数据支撑；建立 ESG 评价模型及数字化系统，用人工智能、大数据等手段实现绿色认定的智能识别，提升绿色认定的运行效率，进一步引导金融资源向普惠主体绿色低碳化配置。

四是鼓励金融机构开展绿色金融与普惠金融融合发展产品与服务创新。一方面，推动辖内中小法人银行提升绿色金融与普惠金融融合发展服务能力，从自身战略目标、组织体系、风险防范机制等出发建立支持绿色金融与普惠金融融合发展的管理体系；另一方面，聚焦小微企业、"三农"等重点普惠对象，结合地域特色，针对不同需求的客户创新绿色金融与普惠金融融合发展的产品与服务，建立种类丰富、覆盖面广的绿色金融与普惠金融融合发展产品体系，如推出"绿色园区贷"、"绿色小微快贷"、竹林碳汇贷款等。

2.3.3　金融机构实践

2.3.3.1　明确战略目标

从战略层面推进绿色金融和普惠金融的融合发展，同时确保与机构整体战略的一致性，并不断跟踪和调整战略目标以适应市场和环境的变化，有助于金融机构在推动绿色金融和普惠金融融合方面实现聚焦和统一，并在目标指引下，形成系统的战略规划和行动路径，促进绿色金融战略与普惠金融战略高效协同。

金融机构目前多已设定普惠金融、绿色金融、可持续金融相关战略目标，其中某些战略布局体现了绿色金融与普惠金融融合发展内涵。如农业银行将绿色金融与普惠金融、乡村振兴相融合，以打造"服务乡村振兴领军银行"和"服务实体经济的主力银行"为目标，加强对"三农"和普惠领域绿色发展的引导。建设银行提出"数字、平台、生态、赋能"的发展理念，强调数字赋能绿色金融普惠发展等。

专栏 2-1　农业银行服务绿色、"三农"和普惠交集

"三农"普惠、绿色金融、数字经营是农业银行三大战略（见图 2-

4）。近年来，农业银行以打造"服务乡村振兴领军银行"和"服务实体经济主力银行"为目标，服务绿色发展和乡村振兴的交集，坚持绿色金融战略引领，持续加强顶层设计，完善管理体制机制，推动多元化产品和服务模式创新，加大绿色产业领域金融供给，为守护绿水青山，建设人与自然和谐共生的美丽中国贡献金融力量。

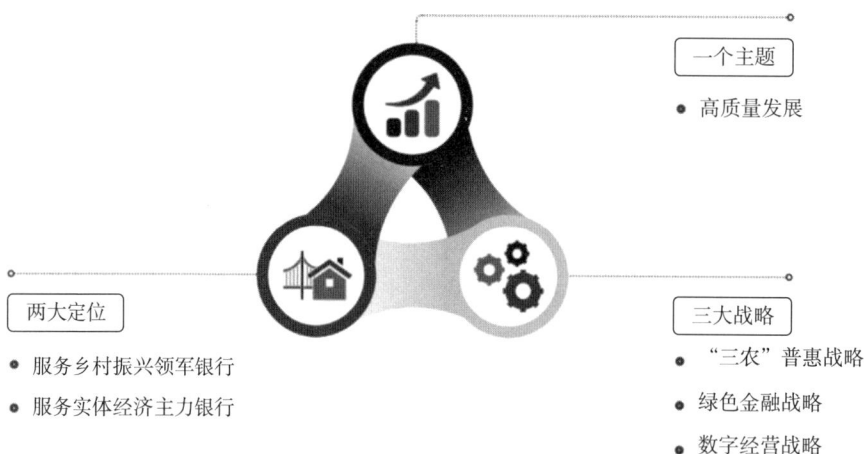

一个主题
- 高质量发展

两大定位
- 服务乡村振兴领军银行
- 服务实体经济主力银行

三大战略
- "三农"普惠战略
- 绿色金融战略
- 数字经营战略

图2-4　农业银行战略体系

（资料来源：农业银行）

2.3.3.2　构建治理体系

绿色金融与普惠金融融合发展需要金融机构在业务协同、绩效考核、人员能力、客户管理等多个维度搭建有助于绿色金融与普惠金融融合发展的治理框架，以更好地协调业务部门的绿色普惠业务、深化研究形成专门化的产品设计，在提高工作效率的过程中不断加强绿色普惠的深化服务。

目前，我国金融机构基本均已设立绿色金融或普惠金融治理架构，且少数金融机构已整合绿色金融与普惠金融管理资源，探索融合治理体系。如安吉农商行在董事会、高级管理层、执行层分别设立战略（"三农"、绿色金融）委员会、绿色普惠金融创新小组、绿色金融事业部，同时创建绿色支行，形成绿色金融与普惠金融融合发展完整架构。

2.3.3.3　设定管理流程

金融机构的管理流程是指为业务活动确定目标和实施控制的流程。为更好地发展绿色金融与普惠金融融合发展业务，需要科学考虑普惠主体独特的资产结构、风险要素、合规要求，有针对性地开展风险管理及决策，形成专门化的流程设置，以提高管理效率和决策质量。

在国家金融监督管理总局、中国人民银行的引导下，许多金融机构已经或正在探索将 ESG 要素纳入风险管理流程，且部分机构已建立了绿色金融与普惠金融融合发展管理流程。如江苏银行建立了绿色普惠认定流程，实现了小微业务全品类覆盖和全流程支持。湖州银行将 ESG 理念引入绿色普惠评价体系，并融入尽职调查环节、绿色定价环节与贷后管理环节。民生银行将普惠客群纳入绿色产业、绿色供应链、绿色园区等重点开发扶持范畴，加强公司零售板块联动，增强绿色金融的可得性，促进“绿色＋普惠”的高效协同①。

2.3.3.4　创新产品及服务

金融机构在推动绿色金融与普惠金融融合发展方面发挥着重要作用，通过针对小微企业、农户、个人等普惠对象的融资需求及特征，结合数字技术等创新手段开发适合普惠对象的绿色金融产品，能够助推普惠金融主体实现绿色低碳转型，引导普惠对象践行绿色低碳的生产生活方式。

目前，金融机构较为关注小微企业、农业和个人的产品与服务创新。其中，金融服务小微企业低碳转型，包括支持小微企业绿色生产经营、小微企业入园与供应链相关服务等；支持“三农”领域绿色发展的产品及服务，包括农业资源保护与节约利用、绿色农产品供给、农业生态修复等；面向个人的绿色生活类金融服务，包括创新碳普惠机制产品、绿色消费金

---

① 郑万春 . 推进商业银行绿色普惠金融融合发展［J］. 中国金融，2024（2）.

融产品等。

2.3.3.4.1　金融服务小微企业低碳转型

一直以来，我国绿色发展的重心主要集中在以央企、国企为主的大型企业，而我国中小微企业在全国碳排放量中的占比达到了 50%①，小微企业是我国实现经济全面绿色低碳转型发展不可或缺的一部分。目前，部分金融机构依据小微企业特性，积极创新符合小微企业融资需求的绿色信贷产品。

一是金融支持小微企业绿色生产经营。如台州银行推出"绿色节能贷款"，优先支持资产低于 500 万元的小微企业，地方政府对银行发放的贷款提供贴息，以优惠利率为小微企业的减排增效、技术升级和产业改造、实现绿色生产经营提供专项资金支持②。上海银行推出绿色普惠担保贷款，面向上海地区绿色低碳产业领域的中小微企业、碳资产持有企业，以政策性担保资源为支点，为碳资产持有人提供增信，提高了碳资产的流动性③。

二是金融支持绿色园区小微企业发展。如湖州银行推出"绿色园区贷"，通过对集中入园小微企业实施优惠利率、配套优质服务、简化贷款程序、降低准贷门槛、注重全程监控等方式，对湖州吴兴童装产业环境整治配套园建设提供金融支持，推动产业绿色化发展④。

三是金融支持供应链上小微企业绿色发展。如网商银行推出"绿色采购贷""绿色零账期""绿色供货贷""绿色中标贷"等绿色供应链金融产品，对绿色核心企业及其供应链下游的小微企业进行融资贷款。农业银行

---

① 北京商报. 央行金融研究所副所长卜永祥：绿色金融要发挥对"三农"、小微低碳转型的引导和支持［EB/OL］.（2022 － 09 － 04）［2023 － 11 － 26］. https：//baijiahao. baidu. com/s？id = 1743041717198044702&wfr = spider&for = pc.

② 科技金融时报. 金融支持共同富裕系列报道二："绿色贷款"助力企业加快转型升级［EB/OL］.（2022－12－02）［2023－09－13］. http：//www. kjjrw. com. cn/system/2022/12/02/014623307. shtml.

③ 新华财经. 盘活"碳资产"上海银行联合推出绿色普惠担保贷款［EB/OL］.（2023－06－12）［2024－05－22］. https：//www. bosc. cn/zh/jrsh/shyhgk/mtkshyh/202306/t20230620_ 174374. shtml.

④ 中国证券报. 解码城商行转型升级的"湖州样本"［EB/OL］.（2021－06－28）［2023－08－09］. https：baijiahao. baidu. com/s？id = 1703762308293408738&wfr = spider&for = pc.

佛山分行推出"佛山能源贷"，通过分析佛山三水大塘工业园内企业的经营模式，以园区唯一的供热企业为核心企业，依托核心企业提供的蒸汽交易数据，综合评估下游蒸汽用户小微企业情况，为下游用户提供信用贷款，解决了园区中小企业"无抵押、融资难"难题①。

2.3.3.4.2　金融带动绿色生活方式建立

推动居民践行绿色低碳生活方式是科学减少碳排放的重要途径，金融机构通过为个人提供碳普惠机制产品及绿色消费金融产品等金融服务，能够帮助居民培养绿色消费的思想观念，推动建立绿色生活理念。

一是创新碳普惠机制产品。如中信银行面向个人用户推出碳普惠平台"中信碳账户"，通过用户授权自动采集个人在不同生活场景下的低碳行为数据，根据不断迭代优化的减排因子模型，实时计算各类生活场景的碳减排量。用户累计的碳减排量可在该行"绿色商城"在线平台上兑换商品，让用户的绿色低碳行为可计量、可追溯，同时实现个人碳减排量的资产化、价值化，以碳普惠机制推动个人消费方式绿色转型②。

二是创新绿色消费金融产品。多家金融机构为消费者购买新能源汽车、绿色智能家电等提供信贷支持。如针对新能源汽车，平安银行推出"轻卡简易贷""轻享贷"方案，提升客户绿色消费的便利性，满足公众差异化绿色金融需求③。马鞍山农商银行推出绿色标志产品消费贷款，依据客户购买住宅的绿色认证等级，区分利率优惠幅度，同时匹配绿色消费贷，用于购置绿色家居用品、节能家电等配套设施④。

---

① 中国农业银行佛山分行：创新推出"能源贷"为小微企业"充电"［EB/OL］. （2021 – 07 – 09）［2023 – 08 – 10］. 佛山日报，https：// api. foshanplus. com/foshan/api/news/detail/612998. html.

② 中信银行个人碳普惠平台"中信碳账户"开户超 100 万［EB/OL］. （2023 – 04 – 24）［2023 – 12 – 09］. 中国银行保险报，http：// www. cbimc. cn/content/2023 – 04/24/content_ 482642. html.

③ 向绿而行——金融助推新能源汽车产业发展［EB/OL］. （2022 – 12 – 16）［2023 – 12 – 10］. 中国银行保险报，http：// www. cbimc. cn/content/2022 – 12/16/content_ 473891. html.

④ 兴业研究. 中国绿色消费信贷的产品与案例分析——绿色消费信贷系列三［EB/OL］. （2019 – 11 – 05）［2023 – 12 – 10］. http：// pdf. dfcfw. com/pdf/H3_ AP201911061370430084_ 1. pdf.

2.3.3.5 强化科技赋能

金融科技赋能绿色普惠发展，可以有效减少绿色金融与普惠金融融合发展的中间环节和信息成本。金融机构正布局并完善数字化系统或智能平台，且部分金融机构已经全面且灵活地应用了普惠主体综合信息。如网商银行通过卫星数据、图片信息、交易流水等信息在线分析小微企业的营业状况，实现零担保的快速便捷授信放款（见表2-9）。黄岩农商银行通过小微企业 ESG 评价模型及数字化系统，用人工智能、大数据等手段实现绿色认定的智能识别，提升绿色认定的运行效率。

专栏2-2　网商银行应用数字科技赋能小微企业实践

作为一家科技驱动业务发展的互联网银行，网商银行通过"大雁系统""大山雀系统""百灵系统"这三只"科技鸟"，帮助小微解决融资慢、融资难、融资贵的问题，为更多小微经营者提供纯线上的金融服务。

"大雁系统"作为数字供应链金融解决方案，依靠大规模图计算、知识图谱等技术，刻画海量的网络交易关系，使得核心企业的下游经销商和零售商，以及更下游的小微企业能够更好地享受金融服务，并实现了3分钟申请、1秒到账和0人工干预。截至2024年6月，网商银行已通过"大雁系统"搭建了包括汽车、医疗、建筑等在内的9条产业方向的产业链图谱，识别超过2100万家产业链上下游的小微企业。

"大山雀系统"主要通过卫星遥感技术服务农村金融。网商银行通过卫星遥感技术识别农民种植的作物，并结合气候、行业景气度等情况，通过几十个风控模型，预估产量和价值，从而向农户提供额度与还款周期合理的贷款。截至2023年底，"大山雀系统"的识别准确率达到93%以上，全国31个省份超过150万种植户因此获得卫星贷款。

"百灵系统"将大规模人工智能技术、计算机视觉和动态企业知识图谱应用于小微金融风控，刻画经营者的资产情况和信用状况，从而给予精准的授信额度。类似 AI 信贷审批员，"百灵系统"使小微经营者可以通过对话框提交合同、发票、门头照、货车照片等材料，然后智能化地评估经营者的经营状况。截至 2023 年 8 月，"百灵系统"已上线 70 多种自证任务，服务超过 600 万小微用户，平均提额 4.5 万元。

资料来源：网商银行科技"三只鸟"亮相服贸会 数字普惠金融实践引关注 ［N/OL］.金融界，2023 – 09 – 04.

用大模型驱动产业链金融创新 网商银行大雁系统亮相世界人工智能大会 ［N/OL］.中国企业网，2024 – 07 – 05.

网商银行：响应中央一号文件，大山雀卫星遥感风控系统已服务 150 万种植户 ［N/OL］.财经网，2024 – 02 – 06.

表 2 – 9　　　　　网商银行数字化金融助力小微绿色转型实践举措

举措	具体内容
建立绿色金融评价模型	刻画六类小微企业绿色行为：生产资料、生产活动、生产环境、社会反馈、绿色业务、绿色运营
建立数字化信息搜集模型	借助五类模型识别大量数据：政策文件解读模型、合同信息识别模型、发票信息识别模型、电商订单信息识别模型、绿色经销商识别模型
建立自动识别系统	面向上游供应商、下游经销商与零售商进行四类识别：绿色服务识别、绿色核心企业识别、绿色小微企业识别、绿色商品识别

资料来源：网商银行绿色金融实践：数字化高效激励小微经营者绿色转型 ［N/OL］.（2023 – 03 – 30）［2023 – 09 – 21］.每日经济新闻，https://news.sohu.com/a/661977755_ 115362.

2.3.3.6　金融机构实践经验总结

金融机构是绿色金融与普惠金融融合发展实践的主要服务主体，是引导普惠主体绿色转型的重要资金提供者，在绿色普惠融合发展领域起着关键作用。目前，部分金融机构已构建起绿色金融与普惠金融融合发展的战略目标、治理体系和管理流程，同时还通过产品创新、科技赋能等推动绿色金融与普惠金融融合发展。

一是完善绿色金融与普惠金融融合发展组织架构，建设绿色普惠管理体系。包括设立绿色金融与普惠金融融合发展相关的战略目标，从战略层面推进绿色金融和普惠金融的融合发展；在董事会、高级管理层、执行层等多个层面设立绿色普惠相关委员会或业务部门，创建绿色专营支行等，构建绿色金融与普惠金融融合发展治理体系；将 ESG 要素纳入风险管理流程，建立绿色金融与普惠金融融合发展管理流程等。金融机构能够形成系统的战略规划和行动路径，更好地协调业务部门的绿色普惠业务，形成专门化的绿色金融与普惠金融融合发展流程设置。

二是针对不同普惠主体，积极创新绿色金融与普惠金融融合发展产品及服务。针对"三农"领域，创新高标准农田工程质量潜在缺陷保险（Inherent Defects Insurance，IDI）、林业碳汇质押贷款、林业碳汇保险等产品；针对小微企业，创新绿色节能贷款、绿色园区贷、绿色供应链金融产品等产品；针对个人消费者，创新碳普惠机制产品、绿色消费金融产品等产品，助推普惠金融主体实现绿色低碳转型。

三是科技赋能绿色普惠，减少中间环节和信息成本。如利用数字化系统或智能平台实现绿色认定的智能识别，减少金融机构工作人员的工作量，提升绿色认定的精准度及认定效率，降低金融机构识别成本。

第3章　绿色金融与普惠金融融合
发展标准探索

——以小微企业为例

制定绿色金融与普惠金融融合发展标准有利于规范相关金融服务的业务流程，提高金融机构开展绿色普惠金融实践的能动性与可信度。考虑到小微企业在普惠主体中的重要地位及其节能降碳的可观潜力，本章以小微企业为核心主体，探索研制了绿色金融与普惠金融融合发展标准。首先，在明确标准制定的重要原则后，创新提出了绿色普惠融合业务认定的"三步法"，即依次进行普惠类型判断、普惠主体绿色属性判断、融资用途绿色属性判断。其次，重点阐述了小微企业绿色主体类标准与小微企业绿色行为类标准。最后，说明了以上标准的使用方法。

3.1　重要原则

绿色金融与普惠金融融合发展标准应遵循环境目标与普惠目标的实质性贡献原则、无重大损害原则及最大效用原则。

（1）实质性贡献原则。绿色金融与普惠金融融合发展标准应支持普惠主体以主体行为或经济活动的方式采取行动，对实现节能降碳、防污减排、资源循环高效利用等环境目标作出实质性贡献。

（2）无重大损害原则。绿色金融与普惠金融融合发展标准应避免对环境目标与普惠目标之外的可持续发展目标造成重大损害，即尽量减少或消除相关投融资活动对大中型经济主体、生物多样性等的潜在负面影响。

（3）最大效用原则。绿色金融与普惠金融融合发展标准应科学可信、方便可行、真实可比，即与现有金融/产业标准相协同、与实际业务流程相适配、与公认的方法学及口径相一致，支持金融机构为绿色普惠领域提供高质高效的投融资服务。

3.2 设计思路

依据"环境目标与普惠目标的实质性贡献原则、无重大损害原则、最大效用原则，本书按照"先普惠再绿色、先主体再行为"的思路进行绿色金融与普惠金融融合发展标准设计（见图3-1）。

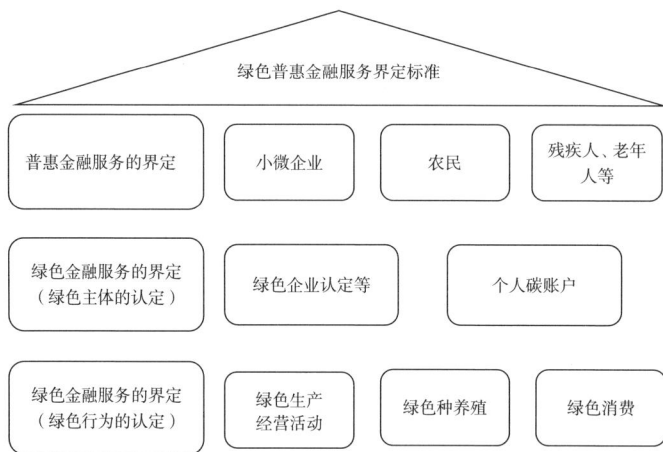

图3-1 绿色金融与普惠金融融合发展服务界定标准

（资料来源：课题组整理）

首先，判断贷款业务是否为普惠型小微企业贷款。此前，根据中国人民银行与银保监会的规定，普惠型小微企业贷款是指商业银行发放的单户授信总额在1000万元（含）以下的经营性贷款。其中，小微企业贷款主体包括符合《中小企业划型标准规定》（工信部联企业〔2011〕300号）规定的小型企业、微型企业，以及个体工商户、小微企业主①。2024 年 1 月，中国人民银行将普惠小微贷款认定标准放宽到单户授信不超过 2000 万元②。本书建议采用后者（见图 3 - 2）。

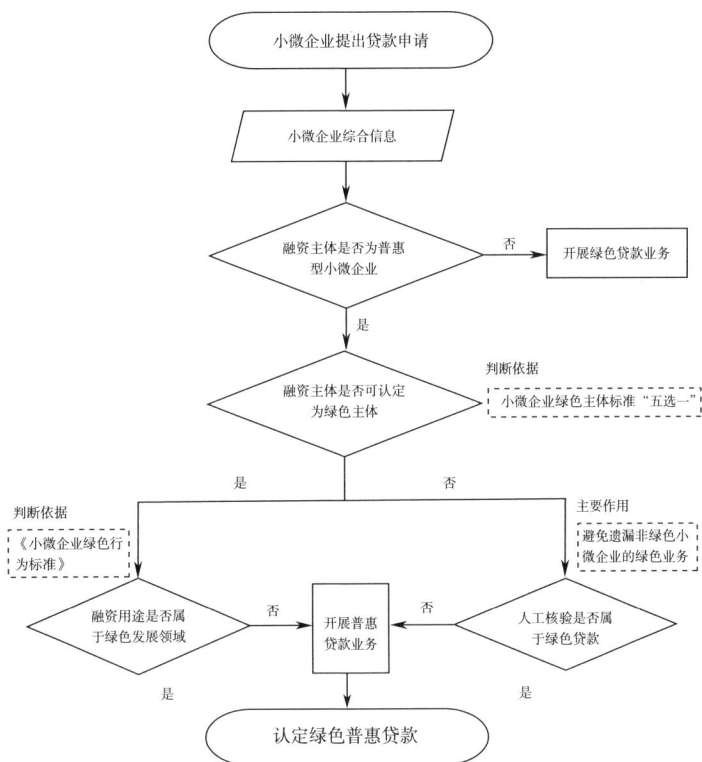

图 3 - 2　绿色普惠贷款认定程序

（资料来源：课题组整理）

其次，判断融资主体是否属于绿色小微企业。为简化判定程序，提升

---

①　中国银保监会关于印发商业银行小微企业金融服务监管评价办法（试行）的通知［EB/OL］. （2020 - 06 - 29）［2023 - 12 - 12］. https：//www. gov. cn/zhengce/zhengceku/2020 - 07/03/content_5523821. htm.

②　人民网. 普惠小微贷款认定标准放宽？央行明确［EB/OL］.（2024 - 01 - 24）［2024 - 06 - 08］. http：//finance. people. com. cn/n1/2024/0124/c1004 - 40165785. html.

金融机构在初期探索推进绿色金融与普惠金融融合发展的效率，本书创新提出了"五者选其一"的绿色小微主体认定方法。一是权威认定法，即被有关政府部门评定为"绿色企业"（包括深绿与浅绿等各个层级的绿色评定）可直接认定为绿色小微企业。二是第三方认定法，即被符合资质的第三方鉴证机构认定为"绿色企业"可直接认定为绿色小微企业。三是绿色收入占比法，即与"绿色企业"的交易额占企业总收入的比重超过90%的可直接认定为绿色小微企业。四是减排成效法，即同时符合以下条件的可考虑认定为绿色小微企业：近一年无环保处罚记录，非重点排污企业，非排污许可证重点管理单位，办公区与厂区绿化达标，废水、废气、废料处理达标，月平均用水量、用电量、用气量占增加值的比重均优于全国或该区域的行业平均水平。五是ESG评价法，即推荐条件成熟的地区或金融机构探索应用主体ESG评价结果对小微企业进行绿色认定（详见3.4节）。

最后，判断融资用途是否属于绿色发展领域。结合"双碳"政策文件与小微企业特性，本书认为，绿色小微企业用于以下七个方面的资金属于绿色融资：原材料清洁高效利用、生产设备提质增效、生产过程节能降碳、基础设施建设、产品绿色流通、小微企业入园、绿色供应链（详见3.5节）。

需要说明的是，采用以上三个条件筛选绿色普惠贷款业务可能存在偏误，即无法支持非绿色小微主体的绿色行为。该偏误源自将"判定融资主体是否属于绿色小微企业"作为必要程序，而非在判定普惠小微后直接考虑资金用途。之所以设置三个筛选条件，是因为在实际操作过程中，金融机构大多在线上快速发放普惠贷款，如何利用低成本且高效的手段准确排查海量普惠客户的资金用途仍在探索过程中。相对而言，判定普惠小微主体的绿色属性较为简单，且该方式已在网商银行、江苏银行等金融机构的实践中得到论证。为减少该偏误可能造成的业务遗漏，本书建议在应用数字系统自动识别三个条件的同时，增加人工核验程序，对不符合绿色小微企业融资主体判定条件的客户的贷款用途绿色属性进行人工筛选，基于核验结果将业务认定为绿色普惠贷款或普惠贷款。

3.3　小微企业绿色主体类标准

3.3.1　小微企业绿色主体类标准内容说明

如前文所言，小微企业的主体性绿色认定可采用多种方式，包括取用地方政府评定结果、参照第三方鉴证机构认定结果、基于与供应链上绿色企业的交易比重判定等，而本节主要介绍的是金融机构自主认定的条件与方法——减排成效法，即"一无两非双达标，三项比重表现好"。同时，考虑到面向金融机构与企业的监管均呈现越发重视 ESG 因素的趋势，本节借鉴绿色《绿色企业评选标准》（T/CGDF 00002 - 2018）、《绿色融资企业评价规范》（DB 3305）、《绿色企业评价规范》（DB 4404）、《小微企业绿色评价规范》（T/ZJFS 008 - 2022）等现有标准，提出小微企业 ESG 评价标准，在设定否决条件的前提下，综合考虑环境、社会和治理指标，供有条件的金融机构自主选用。

3.3.2　小微企业绿色主体类标准具体指标

"一无"指的是近一年无环保处罚记录，即截至贷款申请日的之前一年时间内在"信用中国""企业信用信息公示系统"或地方信用门户无环保处罚记录显示。

"两非"指的是融资主体非重点排污企业、非排污许可证重点管理单位，即融资主体不在国家级、省级或地市级的重点排污名单名录和排污许可证重点管理单位名录上。

"双达标"指的是办公区与厂区绿化达标，废水、废气、废料处理达标。其中，工业用地、物流仓储用地等附属绿地相关建设内容需符合《城市绿地分类标准》（CJJ/T 85）等标准，屋顶绿化、墙面绿化等相关建设内容需符合《垂直绿化工程技术规程》（CJJ/T 236）等标准。废水、废气、废料处理水平需符合所在行业的相关污染物排放标准。此外，由于绿色园区的认定条件包含相关要素，故入驻绿色园区的企业自动符合"双达标"条件。

"三项比重表现好"指的是月平均用水量、用电量、用气量占增加值的比重均优于区域或行业平均水平。如难以获取部分行业的公开参照指标，银行业金融机构可根据总行或分行企业客户库的整体数据进行均值分析以确定阈值。

此外，推荐条件成熟的地区或金融机构探索应用主体 ESG 评价结果对小微企业进行绿色认定，如将区域内或银行客户群中 ESG 评价得分排名前10%的企业认定为绿色企业。本书结合部分已公布的其他绿色企业评选标准，设计出适用于小微企业的 ESG 评价标准，内容包括先决条件与具体评价指标两部分（见表 3 - 1）。

表 3 - 1　　　　　　　　　　绿色小微企业主体 ESG 评价指标

一级指标	二级指标	三级指标	数值类型	判断依据/计算公式
环境（E）	环境表现水平	行业环境表现	数值型	包括以下内容： （a）所属行业或产业的环境友好度 （b）所在区域空气质量、水质等环境质量指标情况
	资源能源消耗强度	单位产值的资源消耗	数值型	包括以下内容： （a）全年用水量/当年产值 （b）全年用电量/当年产值 （c）全年用气量/当年产值
		碳排放	数值型	包括以下内容： （a）碳排放量 （b）碳排放强度

续表

一级指标	二级指标	三级指标	数值类型	判断依据/计算公式
环境（E）	资源能源消耗强度	清洁能源	分档型	清洁能源使用比例：A/B/M/C/D 5 个级别 通过中水回用、非常规资源利用、废弃物综合利用等方式进行资源循环利用的比率 可再生能源或废热、余热、余压等能源使用率
	环境管理制度	环境管理制度	布尔型累加	是否建立环境管理制度，包括以下内容： （a）厂房车间生产环境管理 （b）废弃物处理 （c）环保设备使用 （d）碳管理体系建设等 （e）产品/原材料回收系统等
	绿色业务	绿色产品	布尔型累加	企业生产产品是否获得如下认证： （a）列入绿色产品认证目录并获得绿色产品认证 （b）获得部分绿色属性（如节能、低碳、节水、环保等）产品认证 （c）取得绿色设计产品标志等
		绿色研发	分档型	企业新研发产品中环境友好型产品比重：A/B/M/C/D 5 个级别 企业用于节能环保新技术的研发资金占投资总额的比重：A/B/M/C/D 5 个级别等
		上下游客户	布尔型累加	企业服务客户是否满足如下条件： （a）企业服务客户所在行业为节能低碳产业、环境保护产业、资源循环利用产业等《绿色低碳转型产业指导目录（2024 年版）》涉及行业 （b）企业服务客户为海内外上市公司、世界 500 强公司等
		绿色销售	布尔型累加	是否销售获得如下认证的产品： （a）清洁生产认证 （b）节能产品认证 （c）绿色产品评价/认证的产品等

续表

一级指标	二级指标	三级指标	数值类型	判断依据/计算公式
环境（E）	绿色生产经营	生产经营过程	布尔型累加	生产材料是否满足如下条件： （a）使用可回收或再生材料 （b）材料供应商为规模以上企业/上市公司 （c）材料列于《国家鼓励的有毒有害原料（产品）替代品目录》等鼓励目录 （d）主动避免使用一次性耗材等
			布尔型累加	生产、经营设备是否满足如下条件： （a）使用能效等级为2级以上的生产、经营设备 （b）工信部《国家工业节能技术装备推荐目录（2020）》中涉及设备 （c）工信部《"能效之星"产品目录（2020）》中涉及设备 （d）使用《绿色低碳转型产业指导目录（2024年版）》中涉及设备 （e）使用能效等级为2级以上或不涉及能耗的二手生产设备
		废弃物管理	布尔型累加	生产过程产生的废水、废气、废渣是否得到妥当处置并满足如下条件： （a）无专用处理设备，但废水、废气、废渣得到收集处理 （b）有专用处理设备
			布尔型累加	危险废弃物是否得到妥善收集保管并满足如下条件： （c）危险废物专用贮存间，张贴规范标志 （d）制定危险废物管理及应急处理制度 （e）危险废弃物交由危废处理企业统一处理
		园区企业	布尔型累加	对于园区企业，是否满足如下条件： （a）有统一污染排放管理设施 （b）进行循环生产

续表

一级指标	二级指标	三级指标	数值类型	判断依据/计算公式
环境（E）	绿色生产经营	绿色宣传	布尔型累加	是否满足如下条件： （a）企业组织开展和奖励员工参加环境公益活动，如提倡环保、理性消费等 （b）企业在清洁生产和绿色运营方面对员工进行的宣传和教育 （c）企业在生产经营过程中主动对客户和合作伙伴进行的环保知识交流和倡导 （d）企业主或企业员工参与绿色宣传活动
	绿色物流	绿色运输	布尔型累加	是否满足如下条件： （a）采购新能源汽车（含 LNG 液化天然气或 CNG 压缩天然气、电动车等新能源车辆）进行产品运输，参考《免征车辆购置税的新能源汽车车型目录》 （b）租用新能源汽车（含 LNG 液化天然气或 CNG 压缩天然气、电动车等新能源车辆）进行产品运输，参考《免征车辆购置税的新能源汽车车型目录》
		绿色仓储	布尔型累加	仓库是否满足如下条件： （a）照明节能，参考《绿色低碳转型产业指导目录（2024 年版）》绿色照明相关要求 （b）保温节能 （c）使用机器人、电动运输工具等进行仓库内的分拣运输
		绿色包装	布尔型累加	是否满足如下条件： （a）使用基于植物性纤维制作的封套、包装箱、免胶带包装箱、电子运单填充物、悬空紧固包装等 （b）使用基于可生物分解的原材料制成的包装袋、填充物、胶带等 （c）使用基于天然、化学纤维为原材料制成的集装袋 （d）使用基于对环境和健康危害小的原材料制成的可重复使用的封套、包装袋、集装袋等，参考市场监管总局、邮政局《快递包装绿色产品认证目录（第一批）》

一级指标	二级指标	三级指标	数值类型	判断依据/计算公式
环境（E）	绿色运营	信息化	布尔型累加	是否满足如下条件： （a）办公系统电子化，包括但不限于采用企业电子化信息管理系统、智能办公服务 （b）业务管理系统电子化，包括但不限于提供电子票据、使用快递电子面单等 （c）财务/结算系统电子化，包括但不限于在线收付单、在线金融服务等
		办公场所节能	布尔型累加	办公、厂房建筑等是否满足如下条件： （a）企业所购买、租赁的建筑达到国家《绿色建筑评价标准》等标准中一星级及以上标准要求，或达到 LEED 认证金级及以上、英国 BREEAM 认证优秀级 （b）企业所购买、租赁的建筑开展一系列节能改造措施，包括但不限于外墙、屋面、外门窗的保温改造、采暖系统或供热系统改造，采用可再生能源等 （c）办公场所使用的家电、设备能效为 1 级
		员工绿色行为	布尔型累加	员工是否有以下日常绿色行为： （a）采购绿色商品 （b）信息化无纸化 （c）绿色出行 （d）二手交易/废物利用等 （e）植树造林等
		生活垃圾处理	布尔型累加	是否进行以下行为： （a）企业生活垃圾/餐饮垃圾分类 （b）企业生活垃圾无害化收集处理等
	绿色支持	绿色荣誉	布尔型累加	是否满足如下条件： （a）获得国家"绿色工厂""绿色供应链管理企业""绿色园区"荣誉 （b）获得省级"绿色工厂""绿色供应链管理企业""绿色园区"等荣誉 （c）获得"政府绿色采购清单入选企业"等绿色供应链荣誉 （d）是否持有节能环保相关的证照/许可/认证，如能源管理体系认证、环境管理体系认证、排污许可、节能产品认证等 （e）是否持有节能环保相关的专利等

续表

一级指标	二级指标	三级指标	数值类型	判断依据/计算公式
环境（E）	绿色支持	绿色金融支持	布尔型累加	企业过去或当下是否获得以下支持： （a）绿色贷款 （b）绿色债券 （c）绿色保险（如环境污染责任保险、安全生产责任保险、食品安全责任保险等传统绿色保险产品或贷款保证保险、工程质量潜在缺陷保险、绿色农业保险、药品置换责任保险、碳排放配额质押贷款保证保险等） （d）其他绿色金融资源支持
社会（S）	员工	员工福利	数值型	包括： （a）公积金平均缴存比例 （b）公积金缴交人数占在册员工比例 （c）社保平均缴存比例 （d）社保缴交人数占在册员工比例 （e）为在册员工购买商业保险，参保人数占全部雇用人数比例等
		员工培训	数值型	组织员工进行岗位职责要求、安全生产及操作等相关内容的培训时长（小时/年）
		员工安全管理	布尔型累加	是否满足如下条件： （a）员工安全生产及操作制度，内容可包括安全生产职责、安全信息记录、生产检查要求，生产场所及设备安全措施、事故管理及培训等 （b）设置安全防护措施，如个人防护用品用具、安全警示标志、抢救药品等 （c）通过职业健康安全管理体系（ISO 45001、GB/T 28001）第三方认证
	安全和质量管理	质量管理体系认证	布尔型累加	是否满足如下条件： （a）企业是否通过 ISO 9001 质量管理认证 （b）企业生产产品是否通过国内外产品质量认证，包括但不限于 UL 美国保险商实验室安全试验和鉴定认证、CE 欧盟安全认证、VDE 德国电气工程师协会认证、中国 CCC 强制性产品认证和 CCTP 绿色萌芽标志等

续表

一级指标	二级指标	三级指标	数值类型	判断依据/计算公式
社会（S）	安全和质量管理	网络安全管理	布尔型累加	企业经营过程中涉及网络安全、数据安全、个人信息保护等责任义务的，是否满足如下条件： （a）企业在近三年内不涉及相关处罚负面记录 （b）企业内部管理体系中包含有相关规章制度等 （c）企业获得相关第三方认证或资质
	产品服务创新	科技创新	数值型	企业取得科技成果的数量，包括但不限于如下： （a）企业获得商标数量 （b）企业取得的专利数量 （c）企业取得的软件著作权数量等
	信息沟通	企业信息披露	布尔型累加	是否在以下渠道披露： （a）企业官网 （b）企业微信公众号等
		行业协会参与	数值型	企业参与行业协会的数量
	社会责任	公益表现	布尔型累加	是否满足如下条件： （a）企业在近三年内进行公益捐赠 （b）企业雇用残疾人 （c）企业得到县级以上媒体正面报道的次数等
治理（G）	企业生命周期	存续年限	数值型	以当前年份为终年，企业成立年份为起始年，计算企业成立年数
		主营范围变更	数值型	在工商登记信息中企业主营范围变更次数
	股东及管理层	股东稳定性	数值型	在工商登记信息中企业股东变更次数
		经营团队稳定性	数值型	近三年公司部门经理以上人员离职数/部门经理以上人员数量在工商登记信息中法人变更次数等
		经营主体信用情况	布尔型累加	是否满足如下条件： （a）经营业主个人无涉诉与判决信息 （b）个人不涉及失信"黑名单"信息 （c）个人税款缴纳信息良好 （d）个人有慈善捐赠记录等

续表

一级指标	二级指标	三级指标	数值类型	判断依据/计算公式
治理（G）	企业信息情况	企业信用情况	布尔型累加	是否属于： （a）信用良好企业 （b）信用培育名单 （c）"守重"名单 （d）信用管理示范企业 （e）守信联合激励对象等
	稳定与成长	纳税	数值型	纳税连续性：过去 12 个月中有纳税记录的月份数除以 12
			分档型	纳税级别：A/B/M/C/D 5 个级别
		创新成长性	布尔型累加	是否属于： （a）科技型中小企业 （b）高新技术企业等

资料来源：根据《小微企业绿色评价规范》（T/ZJFS 008 – 2022）等现有标准整理。

先决条件是企业获得 ESG 评价得分的必要条件，也是企业在广泛的 ESG 因素考量下能够被认定为绿色企业的前提条件，具体包括以下四点。

（1）企业或机构依法设立，证照齐全，存续期满两年，有健全财务制度、具有独立法人资格、实行独立核算。

（2）企业无不良信用记录（不良信用记录主要包括信贷/债券等逾期，担保的企业/个人违约）。

（3）近一年内未发生重大安全、环境、质量事故，未受到安全、环境、质量、劳动、税务等主管部门处罚。

（4）企业按规定办理相关许可证并足额缴纳费用，符合国家（地方）法律法规、相关标准中对污染防治、生物多样性保护、员工权益保障等方面要求。

小微企业的 ESG 评价标准的具体指标分为环境类（E）、社会类（S）、治理类（G）三种类型，对应二级指标数量分别有 8 个、5 个和 4

个，对应三级指标数量分别有 22 个、10 个和 8 个。在进行评价结果分析时，首先需要分别处理数值型、分档型、布尔型累加的计算数值，在同一评价域内将被评价的小微企业获得的对应计算数值/布尔型累加分值/分档级别进行排序，然后按照排序从优到劣逐步递减进行百分比值赋分（排首位赋 100%，然后依次递减直至 0），得到的百分比值与对应指标权重相乘得到最终分值。

3.4　小微企业绿色行为类标准

3.4.1　小微企业绿色行为类标准内容说明

本书基于对工业小微企业的绿色融资场景梳理，在《绿色债券支持项目目录（2021 年版）》《绿色低碳转型产业指导目录（2024 年版）》等标准的基础上探索研制适用于小微企业的金融支持类目。工业部门中小微企业数量占比达 98.46%，资产占比达到 40.16%[①]，因此，金融支持工业小微企业绿色发展具有重要意义。根据工业小微企业生产经营过程中产生碳排放的可能性，本书梳理了工业小微企业的绿色融资场景，研制了绿色金融与普惠金融融合发展支持工业类小微企业绿色行为的标准（见表 3-2），包括原材料清洁高效利用、生产设备提质增效、生产过程节能降碳、基础设施建设、产品绿色流通、小微企业入园、绿色供应链七大类。

---

① 国务院四经普小组. 中国经济普查年鉴 2018［M］. 北京：中国统计出版社，2020.

3.4.2　小微企业绿色行为类标准具体指标

表 3 - 2　　　　　　　　　　工业类小微企业绿色行为标准

一级指标	二级指标	三级指标	指标/详情
原材料清洁高效利用	清洁原料使用	无毒无害原料替代有毒有害原材料	无毒无害原料的价值与用量比重变化情况，如《国家鼓励的有毒有害原料（产品）替代品目录》与最新版的《环境保护综合名录》中"高污染、高环境风险"产品的替代产品生产和使用
		绿色原材料使用	原材料获得"绿色产品"认证的占比及变化，标志需符合《绿色产品标志使用管理办法》（市场监管总局公告 2019 年第 20 号）等标准 可再生材料、可降解材料、可回收材料采购数量与规模及其变化情况
		废旧原料再利用	回收再利用材料的采购情况
	原料使用效率提升	原材料用量节约	单位产品原材料价值与用量的变化情况
生产设备提质增效	生产效率提高	高能效设备改造及置换	新设备能效等级变化情况，以及锅炉改造、电机改造等
		智能化生产设备及系统采购	应用智能化设备或数字系统节约能源与用料情况
	生产质量增强	先进设备采购	设备相关工艺是行业先进工艺的对标情况，或产品价值、生产环境、次品率的变化情况等
生产过程节能降碳	低碳节能技术改造	工艺改进和流程优化	单位产品或单位价值的能源与用料情况变化
		煤炭清洁利用	符合《煤炭清洁高效利用重点领域标杆水平和基准水平（2022 年版）》等标准的煤炭使用情况
		余热余压利用	（高压）蒸汽回收利用、废水余热利用、燃气与液体余压利用情况等；余能利用需符合《工业余能资源评价方法》（GB/T 1028）、《工业余热梯级综合利用导则》（GB/T 39091）等标准规范要求

续表

一级指标	二级指标	三级指标	指标/详情
生产过程节能降碳	低碳节能技术改造	生产过程节水和水资源高效利用	用水量变化情况及水资源循环利用情况。其中工业生产过程节水改造和生产用水、排水循环利用需符合《节水型产品通用技术条件》（GB/T 18870）、《节水型卫生洁具》（GB/T 31436）、《海水淡化利用工业用水水质》（GB/T 39481）、《雨水集蓄利用工程技术规范》（GB/T 50596）等国家、地方相关标准规范要求
	清洁能源使用	太阳能利用设施应用	包括太阳能光伏发电、太阳能热发电和太阳能热利用等设施应用，需符合《工业应用的太阳能热水系统技术规范》（GB/T 30724）等标准
		风力发电设施应用	包括陆上风电、海上风电等利用风能发电的设施的应用，需符合《风电场接入电力系统技术规定》（GB/T 19963）等标准
		水力发电和抽水蓄能电力应用	水力发电和抽水蓄能电力应用情况
		氢能利用	氢能利用及其变化情况
		生物质能利用	生物质能利用及其变化情况
		地热能开发利用	地热能开发利用及其变化情况
		海洋能开发利用	海洋能开发利用及其变化情况
	废弃物处置	废水、废气、固废、噪声污染排放管理	包括生产过程废气处理处置及资源化综合利用，废渣处理处置及资源化综合利用（主要适用于钢铁、矿产品加工、化工等行业）
		废弃物回收再利用	包括煤炭清洁利用
		危废处理	包括危险废弃物的处理、处置及运输
	温室气体控制	二氧化碳捕集利用与封存	相关设施配置与利用情况
		消耗臭氧层物质替代品开发与利用	开发和利用消耗臭氧层物质、氢氟碳化物替代品的情况
		工业生产过程温室气体减排	生产过程温室气体排放的变化情况，例如，通过工艺改进和清洁生产等减少温室气体排放

续表

一级指标	二级指标	三级指标	指标/详情
基础设施建设	厂房绿色化	厂房节能改造	对既有建筑实施节能和绿色化改造，需符合《既有居住建筑节能改造技术规程》（JGJ/T 129）、《公共建筑节能改造技术规范》（JGJ 176）、《既有建筑绿色改造评价标准》（GB/T 51141）等标准
		绿色厂房新建	新建厂房符合《绿色工厂评价通则》（GB/T 36132 – 2018）等一般性要求，及《石油和化工行业绿色工厂评价导则》（HG/T 5972 – 2021）、《二氧化碳行业绿色工厂评价要求》（HG/T 5973 – 2021）等细分行业要求
		绿色厂房购置/租赁	购置或租赁符合以上标准的厂房
		厂房立体绿化建设、养护管理	厂房立体绿化建设、养护管理情况，需符合《垂直绿化工程技术规程》（CJJ/T 236）等标准
	绿地建设与运营	厂房附属绿地建设、养护管理和运营	厂房附属绿地的建设、养护管理和运营情况，需符合《城市道路绿化规划与设计规范》（CJJ 75）等标准
	仓储绿色化	绿色仓储改造	改造现有仓储使其符合《绿色仓储与配送要求及评估》（GB/T 41243 – 2022）、《绿色仓库要求与评价》（SB/T 11164 – 2016）等标准要求，或获得由中国仓储与配送协会颁发的"中国绿色仓库"证书和标志
		绿色仓储购置/租赁	购置/租赁符合《绿色仓储与配送要求及评估》（GB/T 41243 – 2022）、《绿色仓库要求与评价》（SB/T 11164 – 2016）等标准要求的仓库
产品绿色流通	绿色/节能/低碳产品认证	节能产品认证推广	推广获得节能证书的产品
		低碳产品认证推广	推广获得绿碳证书的产品
		节水产品认证推广	推广获得节水证书的产品
		环境标志产品认证推广	推广获得环境标志的产品
		资源综合利用产品认定推广	推广获得资源综合利用证书的产品
		绿色建材认证推广	推广获得认证的绿色建材

续表

一级指标	二级指标	三级指标	指标/详情
产品绿色流通	产品绿色包装/处理	其他包装物回收处理	其他包装物的回收量及利用水平
	产品绿色运输	多式联运	联运规模及对应减碳量
小微企业入园	进入绿色或低碳园区	购置厂房及办公场所	在绿色或低碳园区购置厂房及办公场所
	园区绿色设施建设	基础生产设施建设	依据园区要求建设可持续供水、供热、供能等配套基础设施
绿色供应链	与绿色交易商交易	从绿色供应商采购	与取得绿色、低碳、节能、节水等认证的供应商的交易情况
		向绿色核心企业供货	向被认定为"绿色"的核心企业的供货情况

资料来源：课题组整理。

3.5　小微企业绿色主体与行为类标准使用方法

　　小微企业绿色主体与行为类标准可供小微企业主、金融机构、第三方鉴证机构、政府部门等使用，分别用于企业参考制定可持续发展规划及方案、金融机构开展绿色金融与普惠金融融合发展业务、第三方鉴证机构参考设计企业或项目评级标准，以及政府部门挑选确定绿色小微企业入库等，以下将详细说明金融机构的使用方法。

　　第一步，组建一个贯彻董事层—管理层—业务层的工作机制，考虑将绿色普惠融合发展纳入现有战略，制定行动目标，协同普惠金融和绿色金融等相关业务部门共同保障标准的应用与落地。

　　第二步，对照以上标准中的程序与指标要求，补充完善现有普惠业务的程序与客户信息清单，如通过客户自主填报或应用大数据获取企业用水、用电、用气及其变化情况等。

　　第三步，优化小微企业的信用评级模型与风险管理模型，充分考虑主体绿色属性与绿色行为的正外部性，综合分析后提供特色金融服务。

第四步，对符合绿色金融与普惠金融融合发展标准的业务进行"普惠金融业务""绿色金融业务""绿色普惠融合业务"三贴标，以更好地统计相关类型业务的规模及其变化。

3.6　绿色金融与普惠金融融合发展服务数字化模块框架

应用数字化平台，及时准确地获取普惠主体的融资需求、信用水平及碳排放情况等相关信息，有助于提高金融机构开展绿色金融与普惠金融融合发展服务的精准性、高效性与经济性，也有利于金融机构管控金融服务风险。本书参照《绿色金融数字化平台建设指南》（T/CQ JR001 - 2022）与《银行业普惠金融业务数字化模式规范》（JR/T 0269 - 2023），结合金融机构在开展绿色金融与普惠金融融合发展服务中的实际需求，设计了银行业绿色金融与普惠金融融合发展服务的数字化模块建设框架，主要包括数据管理模块、个性服务模块与统计模块（见表 3 - 3），主要包含信息收集与展示、融资对接、绿色贷款认定和 ESG 评价等功能。

一是信息收集与展示。通过整合统计、电力、生态环保、金融、气象、地方征信平台等公开数据或授权信息，利用大数据分析方法，核算普惠主体整体信用与碳绩效水平，用于支持金融机构增强风险管理，帮助企业开展碳信息披露等。

二是融资对接。利用数字化服务的特性，下沉金融设施至农村，对接各类金融机构和地方金融组织入驻平台，为普惠主体提供多层次、差异化、一站式线上融资服务。同时，实现系统筛选绿色小微客户，对接小微网贷等线上信贷产品，批量开展绿色业务。

三是绿色贷款认定和 ESG 评价。建立识别绿色金融业务关键词库，对贷款中的绿色贷款进行智能匹配和认定。对接绿色小微主体评价等公共服务，以及 ESG 评价等第三方服务，支持金融机构开展绿色供应链金融等服务。

表 3-3　　银行业绿色金融与普惠金融融合发展业务数字化模块框架

模块类别		企业	个人
数据管理模块	客户基础信息	• 企业名称、社会信用代码、员工人数及性别比例、收入等	• 身份信息、收入、职业等
	客户授权信息	• 交易流水、水电气缴费信息、纳税信息、社保缴费信息等	• 银联卡、微信支付、支付宝等
	接入公共平台信息	• "信用中国""企业信用信息公示系统"或地方信用门户 • 国家级、省级或地市级的重点排污名单名录、排污许可证重点管理单位名录 • 安全、环境、质量、劳动、税务等主管部门处罚信息等 • 气象数据等	• 个人信用信息
	接入第三方碳排放信息	• 绿色企业获评情况 • 地方碳效码/碳账户 • 第三方 ESG 评级机构数据	• 个人碳账户平台
	资金用途说明	• 对照绿色生产经营活动	• 对照绿色消费活动
个性服务模块	产品服务	产品宣传、案例与披露	
	特殊系统	大字模式、语音模式、简单模式	
	配套金融服务	保险、担保、抵押等	
统计模块	双重贴标	绿色金融活动贴标，普惠金融活动贴标	

资料来源：课题组整理。

第4章　金融支持普惠主体
绿色发展的场景及模式

　　除了清晰明确的标准外，金融机构推动绿色金融与普惠金融的融合发展实践还需要有针对性的方案、可推广的产品和高效的工具。本章分析了碳纤维复合材料行业、海洋装备制造行业、电子元器件与机电组件设备制造行业、零售行业四个行业的绿色融资场景及模式，基于小微企业的融资特点提供了金融产品创新方案，并提炼了三种金融机构可应用的金融科技服务方式，以支持金融机构更好地推动相关业务落地。同时，本章还分析了普惠个体的绿色融资场景及模式，希望为金融机构支持普惠主体的绿色消费提供参考。

4.1　小微企业在代表性细分行业的绿色融资场景及模式

4.1.1　代表性细分行业选择说明

　　本书选取碳纤维复合材料行业、海洋装备制造行业、电子元器件与机电组件设备制造行业三个工业细分行业，以及零售行业进行小微企业绿色融资场景及模式的细分研究。选择这四个行业主要有以下几个方面原因。

　　一是三个工业细分行业的绿色可持续发展受到国家高度重视。《中华人民共和国国民经济和社会发展第十四个五年规划和2035年远景目标纲要》提出要加强碳纤维等高性能纤维及其复合材料的研发应用；加快补齐基础零部件及元器件等短板，提升核心电子元器件等产业水平；党的二十大报告提出发展海洋经济，保护海洋生态环境，加快建设海洋强国。此外，2024 年《政府工作报告》强调，要推动产业链供应链优化升级、积极培育新兴产业和未来产业、深入推进数字经济创新发展。这三个细分行业与新兴产业和未来产业息息相关。

二是三个工业细分行业均是我国产业高质量发展的重要基础性行业，应用广泛。其中，碳纤维复合材料被广泛应用于航空航天、体育设施、汽车制造、风力发电等领域；海洋装备制造行业的优质高效发展可为我国制造强国、交通强国、海洋强国建设提供坚实的物质技术基础。电子元器件与机电组件设备制造行业 2023 年上半年增加值的同比增幅为 46.5%①，对推进信息技术产业基础高级化、产业链现代化具有重要意义。

三是部分低碳转型发展重点地区对以上三个工业细分行业有所布局。例如，《山东省"十四五"海洋经济发展规划》指出，"加快建设世界一流的海洋港口、完善的现代海洋产业体系、绿色可持续的海洋生态环境"，谋划打造海洋高端装备产业集群②；《黑龙江省产业振兴行动计划（2022—2026 年)》提及"推动碳纤维及玻璃纤维复合材料、碳碳复合材料发展""做优碳基新材料产业"③。《国家发展改革委等部门关于支持内蒙古绿色低碳高质量发展若干政策措施的通知》（发改环资〔2024〕379 号）提到，"做大做强碳纤维等碳基材料产业"④。《山东省推动虚拟现实产业高质量发展三年行动计划（2022—2024 年)》（鲁工信电子〔2022〕49 号）提到，

① 国家发展和改革委员会高技术司. 高技术制造业持续赋能转型升级［EB/OL］. （2023 - 07 - 27）［2024 - 06 - 08］. https：//www. ndrc. gov. cn/fgsj/tjsj/cxhgjscyyx/202307/t20230727_ 1358815. html.

② 山东省人民政府. 山东省人民政府办公厅关于印发山东省"十四五"海洋经济发展规划的通知（鲁政办字〔2021〕120 号）［EB/OL］. （2021 - 12 - 22）［2023 - 10 - 17］. http：//www. shandong. gov. cn/art/2021/12/22/art_ 100623_ 39602. html.

③ 黑龙江省人民政府. 关于印发《黑龙江省产业振兴行动计划（2022—2026 年)》的通知（黑政发〔2022〕15 号）［EB/OL］. （2022 - 06 - 17）［2023 - 10 - 22］. https：//www. hlj. gov. cn/hlj/c108376/202206/c00_ 31186046. shtml.

④ 国家发展和改革委员会. 国家发展改革委等部门关于支持内蒙古绿色低碳高质量发展若干政策措施的通知（发改环资〔2024〕379 号）［EB/OL］. （2024 - 04 - 03）［2024 - 06 - 06］. https：//www. ndrc. gov. cn/xwdt/tzgg/202404/t20240403_ 1365475. html.

"夯实核心元器件根基……补足电子元器件发展短板"[①]。

另外，零售业小微企业、个体户数量多，覆盖面广，且其可持续发展对绿色消费的带动效应强，是绿色物流、绿色包装、绿色商贸的末端治理环节。因此，本书除考虑三个工业细分行业小微企业的服务需求外，对零售业小微企业的融资场景与模式也进行了深入探讨。

4.1.2　碳纤维复合材料行业

碳纤维复合材料的应用与回收是推进节能降碳的重要环节。一方面，碳纤维材料在新能源发电厂、新能源车、智能装备中的应用相较传统材料的碳排放量更低；另一方面，相对于新造碳纤维材料，碳纤维材料的回收再利用在生产过程中的碳排放更低。本书针对该行业的小微企业特色资金需求，设计了包含 6 个一级指标、21 个二级指标的金融服务场景框架（见表 4 - 1）。

表 4 - 1　　　碳纤维复合材料行业小微企业绿色融资需求

一级指标	二级指标	说明	资金需求	产品创新方向
原材料采购	购买回收碳纤维	从复合材料中通过机械破碎、高温裂解等分离出碳纤维	流动资金：原材料采购费、材料回收费、加工费等	• 绿色小微信用付 • 绿色周转贷 • 绿色采购贷
	购买回收树脂	通过溶剂回收、热解回收等方式从复合材料中分离出树脂，并进行精制与改性处理		
	购买回收碳纤维复合材料	对回收的碳纤维复合材料进行再加工，如研磨成细填料或加工成碳纤维毡等		
	购买绿色原料	购买挥发性有机化合物（VOC）含量低、采用生物基或可再生资源制备的树脂，木质纤维素、植物纤维等生物基填料，可降解的增韧剂等		

① 山东省工业和信息化厅．关于印发《山东省推动虚拟现实产业高质量发展三年行动计划（2022—2024 年）》的通知（鲁工信电子〔2022〕49 号）［EB/OL］．（2022 - 03 - 24）［2023 - 09 - 13］．http：//gxt. shandong. gov. cn/art/2022/3/24/art_ 103863_ 10301548. html.

续表

一级指标	二级指标	说明	资金需求	产品创新方向
生产设备采购	购买碳纤维制造设备	节能、高质量纺丝机、预氧化炉、碳化炉、石墨化炉、表面处理设备、上浆机等置换	一次性大额设备采购资金（几万元至几百万元不等）与周期性维护资金	• 绿色资产贷款 • 绿色融资租赁 • 绿色低碳设备基金
	购买纤维编织设备	节能、高质量织布机、编织机、针织机等置换		
	购买复合材料制备设备	节能、高质量模压机、缠绕机、拉挤机、注塑机、热压机等置换		• 绿色周转贷 • 绿色融资租赁
	购买后处理设备	节能、高质量切割机、打磨机、喷涂设备、装配线等置换	一次性设备采购资金（几千元至几万元不等）与周期性维护资金	
	购买辅助设备	节能、高质量加热炉、冷却设备、质量检测设备置换		
生产过程	优化生产工艺	优化纺丝机的操作参数，提高纺丝效率；改进碳化炉和石墨化炉的加热方式；提高能源利用效率等	研发费用、设备改造费用、培训费用等	• 绿色知识产权抵押贷 • 绿色股权融资
	废弃物处置及温室气体控制	购买废水、废气、废渣处理设备或相关工程建设	一次性设施采购资金（几百元至几万元不等）与营运资金（如使用设施所产生电费、人工费、管理费等）	• 绿色营运贷 • 绿色能源贷 • 绿色绩效贷 • VOCs减排企业专项贷
		购买噪声污染治理设备或相关工程建设		
		二氧化碳捕集利用与封存		
	低碳节能改造	安装能耗监测与温室气体智能管控系统		• 绿色科技贷 • 绿色装修贷 • 绿色营运贷
		余热余压利用		
		绿色照明改造		
		生产过程节水和水资源高效利用		
	清洁能源使用	购买光伏设备、风电利用设施等		• 绿色能源贷
流通过程	产品认证	低碳、节水、环境标志、资源综合利用产品认定推广	认证费用、推广费用	• 绿色供货贷 • 绿色"零账期"
	产品绿色包装/处理	使用绿色包装、包装物回收处理	包装材料费、包装物回收费用	
	产品绿色运输	多式联运、新能源车配送	运输费用	

续表

一级指标	二级指标	说明	资金需求	产品创新方向
基础设施建设	绿色厂房建设	厂房节能改造，绿色厂房新建，绿色厂房购置、租赁	一次性大额建设资金（几万元至几百万元不等）或周期性租赁费用	● 绿色厂房、仓储贷 ● 绿色装修贷 ● 绿色工厂星级贷 ● 绿色厂房、仓储险
	绿地建设与运营	附属绿地开发	一次性建设资金（几千元至几万元不等）与周期性维护资金	
	仓储绿色化	绿色仓储改造，绿色仓储购置、租赁		
小微企业入园	进入绿色或低碳园区	购置厂房及办公场所	固定资产采购、装修、营运费用等	● 更新贷 ● 动产质押贷 ● 集合票据
	园区绿色设施建设	基础生产设施建设	设施安装及维护费用等	

资料来源：课题组整理。

4.1.3　海洋装备制造行业

海洋装备制造行业的绿色低碳转型重点路径包括实施传统动力船舶技术改造，有效提升现有运营船舶绿色水平；加强设计和制造协同仿真，探索船舶产品全生命周期仿真，提高船舶工业软件创新应用能力；加快新能源燃料供给系统、尾气后处理系统、污染物排放监控系统等研发应用；等等①。本书针对该行业的小微企业特色资金需求，设计了包含 6 个一级指标、23 个二级指标的金融服务场景框架（见表 4 - 2）。

表 4 - 2　　　　　　海洋装备制造行业小微企业绿色融资需求

一级指标	二级指标	说明	资金需求	产品创新方向
原材料采购	购买回收金属材料	购买回收钢铁、铝等	流动资金：原材料采购费、材料回收费、加工费等	● 绿色小微信用付 ● 绿色周转贷 ● 绿色采购贷
	购买回收塑料和橡胶材料	购买回收管道、密封件、绝缘材料等包含的塑料和橡胶		
	购买回收木材和木制品	购买回收木材和木制品		

① 工业和信息化部　国家发展改革委　财政部　生态环境部　交通运输部关于印发船舶制造业绿色发展行动纲要（2024—2030 年）的通知［EB/OL］.（2023 - 12 - 26）［2024 - 03 - 28］. https：//www. gov. cn/zhengce/zhengceku/202312/content_ 6923175. htm.

续表

一级指标	二级指标	说明	资金需求	产品创新方向
原材料采购	购买回收玻璃和纤维增强塑料（GRP）	购买回收窗户、灯具和某些结构部件使用的玻璃和 GRP	流动资金：原材料采购费、材料回收费、加工费等	• 绿色小微信用付 • 绿色周转贷 • 绿色采购贷
	购买绿色涂料	购买环保性涂料、低挥发性有机物等		
	购买回收润滑油和其他液体	购买回收润滑油和其他液体		
生产设备采购	购买船体设计及组装工艺装备	节能、高质量建模设备、3D 打印设备、船台设备、船底设备等置换	一次性大额设备采购资金（几万元至几百万元不等）与周期性维护资金	• 绿色资产贷款 • 绿色融资租赁 • 绿色低碳设备基金
	购买钢材加工设备	节能、高质量剪板机、折弯机、钻孔机、铣床等置换		
	购买焊接设备	节能、高质量手持电弧焊机、自动焊接设备、激光焊接设备等置换	一次性设备采购资金（几千元至几万元不等）与周期性维护资金	• 绿色周转贷 • 绿色融资 • 租赁
	购买监测设备	节能、高质量红外线热像仪、超声波测试仪等置换		
	购买其他装置或设备	电动马达、低碳节能装卸设备等		
生产过程	优化生产工艺	利用数字化模拟和仿真技术优化设计与模拟；配备新能源动力装置；加快空气减阻等技术研发	研发费用、设备改造费用、培训费用等	• 绿色知识产权抵押贷 • 绿色股权融资
	废弃物处置及温室气体控制	购买废水、废气、废渣处理设备或相关工程建设	一次性设施采购资金（几百元至几万元不等）与营运资金（如使用设施所产生电费、人工费、管理费等）	• 绿色营运贷 • 绿色能源贷 • 绿色绩效贷 • VOCs 减排企业专项贷
		购买噪声污染治理设备或相关工程建设		
		二氧化碳捕集利用与封存		
	低碳节能改造	安装能耗监测与温室气体智能管控系统		• 绿色科技贷 • 绿色装修贷 • 绿色营运贷
		余热余压利用		
		绿色照明改造		
		生产过程节水和水资源高效利用		
	清洁能源使用	购买光伏设备、风电利用设施等		• 绿色能源贷

续表

一级指标	二级指标	说明	资金需求	产品创新方向
流通过程	产品认证	低碳/节水/环境标志/资源综合利用产品认定推广	认证费用、推广费用	• 绿色供货贷 • 绿色"零账期"
	产品绿色包装/处理	使用绿色包装、包装物回收处理	包装材料费、包装物回收费用	
	产品绿色运输	多式联运、新能源车配送	运输费用	
基础设施建设	绿色厂房建设	厂房节能改造、绿色厂房新建、绿色厂房购置/租赁	一次性大额建设资金（几万元至几百万元不等）或周期性租赁费用	• 绿色厂房/仓储贷 • 绿色装修贷 • 绿色工厂星级贷 • 绿色厂房/仓储险
	绿地建设与运营	附属绿地开发	一次性建设资金（几千元至几万元不等）与周期性维护资金	
	仓储绿色化	绿色仓储改造，绿色仓储购置、租赁		
小微企业入园	进入绿色或低碳园区	购置厂房及办公场所	固定资产采购、装修、营运费用等	• 更新贷 • 动产质押贷 • 集合票据
	园区绿色设施建设	基础生产设施建设	设施安装及维护费用等	

资料来源：课题组整理。

4.1.4　电子元器件与机电组件设备制造行业

电子元器件与机电组件设备制造行业的绿色低碳转型重点路径包括推进全行业节能节水技术改造，加快应用清洁高效生产工艺，开展清洁生产，降低能耗和污染物排放强度，实现绿色生产；优化电子元器件产品结构设计，开发高附加值、低消耗、低排放产品等[①]。本书针对该行业的小微企业特色资金需求，设计了包含 6 个一级指标、21 个二级指标的金融服务场景框架（见表 4 - 3）。

---

① 工业和信息化部关于印发《基础电子元器件产业发展行动计划（2021—2023 年)》的通知 [EB/OL].（2021 - 01 - 15）[2024 - 03 - 29]. https：//www.gov.cn/zhengce/zhengceku/2021 - 01/29/content_ 5583555. htm.

表 4 – 3　电子元器件与机电组件设备制造行业小微企业绿色融资需求

一级指标	二级指标	说明	资金需求	产品创新方向
原材料采购	购买回收贵重金属	购买回收金、银、铂等	流动资金：原材料采购费、材料回收费、加工费等	• 绿色小微信用付 • 绿色周转贷 • 绿色采购贷
	购买回收有色金属	购买回收铜、铝、镍、铬等		
	购买回收废弃电子物料	购买回收废 IC、废二三极管、电子物料 IC 芯片、二三极管 MOSFET BGA 内存闪存等		
	购买回收镀金镀银材料	回收废镀金液体等		
	购买绿色原材料	购买生物基塑料、可降解塑料、低辐射玻璃、自清洁玻璃等		
生产设备采购	购买机床	节能、高质量机床（如数控机床、切割机、冲压机等）置换	一次性大额设备采购资金（几万元至几百万元不等）与周期性维护资金	• 绿色资产贷款 • 绿色融资租赁 • 绿色低碳设备基金
	购买焊接设备	节能、高质量焊接机、焊接头、焊接辅助工具等置换		
	购买调试设备	节能、高质量调试器、编程器、模拟设备等置换	一次性设备采购资金（几千元至几万元不等）与周期性维护资金	• 绿色周转贷 • 绿色融资租赁
	购买锅炉	节能、高质量锅炉置换		
生产过程	优化生产工艺	开展产品全生命周期的绿色化设计，加快轻量化、模块化、集成化、高可靠、长寿命、易回收的新型电子元器件产品应用等	研发费用、设备改造费用、培训费用等	• 绿色知识产权抵押贷
	废弃物处置及温室气体控制	购买废水、废气、废渣处理设备或相关工程建设	一次性设施采购资金（几百元至几万元不等）与营运资金（如使用设施所产生电费、人工费、管理费等）	• 绿色营运贷 • 绿色能源贷 • 绿色绩效贷 • VOCs 减排企业专项贷
		购买噪声污染治理设备或相关工程建设		
		二氧化碳捕集利用与封存		

续表

一级指标	二级指标	说明	资金需求	产品创新方向
生产过程	低碳节能改造	安装能耗监测与温室气体智能管控系统	一次性设施采购资金（几百元至几万元不等）与营运资金（如使用设施所产生电费、人工费、管理费等）	• 绿色科技贷 • 绿色装修贷 • 绿色营运贷
		余热余压利用		
		绿色照明改造		
		生产过程节水和水资源高效利用		
	清洁能源使用	购买光伏设备、风电利用设施等		• 绿色能源贷
流通过程	产品认证	低碳、节水、环境标志、资源综合利用产品认定推广	认证费用、推广费用	• 绿色供货贷 • 绿色"零账期"
	产品绿色包装/处理	使用绿色包装、包装物回收处理	包装材料费、包装物回收费用	
	产品绿色运输	多式联运、新能源车配送	运输费用	
基础设施建设	绿色厂房建设	厂房节能改造，绿色厂房新建，绿色厂房购置、租赁	一次性大额建设资金（几万元至几百万元不等）或周期性租赁费用	• 绿色厂房/仓储贷 • 绿色装修贷 • 绿色工厂星级贷 • 绿色厂房/仓储险
	绿地建设与运营	附属绿地开发	一次性建设资金（几千元至几万元不等）与周期性维护资金	
	仓储绿色化	绿色仓储改造，绿色仓储购置、租赁		
小微企业入园	进入绿色或低碳园区	购置厂房及办公场所	固定资产采购、装修、营运费用等	• 更新贷 • 动产质押贷 • 集合票据
	园区绿色设施建设	基础生产设施建设	设施安装及维护费用等	

资料来源：课题组整理。

4.1.5　零售行业

　　零售行业的绿色低碳转型重点路径包括废弃物绿色化管理、可再生能源应用、绿色环保商品采购及销售等。本书针对该行业的小微企业特色资金需求，设计了包含 4 个一级指标、17 个二级指标的金融服务场景框架（见表 4 - 4）。

表 4 - 4 　　　　　　　　　零售业小微企业绿色融资需求

一级指标	二级指标	说明	资金需求	产品创新方向
商品采购	采购绿色有机食品	采购绿色有机米面粮油、蔬菜、水果、副食品等	流动资金：采购食品、生活用品、学习用品及玩具、电器等绿色商品的费用	• 绿色小微信用付 • 绿色周转贷 • 绿色采购贷
	采购环保生活用品	采购可回收可降解、不易造成水污染和大气污染的洗漱用品、服饰、化妆品等		
	采购绿色安全学习用品及玩具	采购安全环保的纸笔、工具尺等学习用品，以及可循环使用的玩具等		
	采购节能电器	采购节能灯、电视、空调、洗衣机、厨具等		
	采购其他绿色商品	采购绿色无污染的装饰品、纪念品等		
设备及装置采购	购买保鲜设备	节能、高质量冷藏冰箱、冷冻冰柜等置换	一次性设备采购资金（几百元至几万元不等）与周期性维护资金	• 绿色周转贷 • 绿色资产贷款 • 绿色融资租赁
	购买存储装置	绿色、环保仓储货架、仓储箱等置换		
	购买温度与湿度调节设备	节能、高质量空调、空气加湿器、空气净化器等置换		
	购买其他设备与装置	节能、高质量收付款设备、称重设备、吸尘器、微波炉、真空包装机、监控摄像头等置换		
运营过程	能源绿色化与节约化	使用太阳能	光伏设备采购及系统安装费用等	• 绿色营运贷 • 绿色能源贷 • 绿色绩效贷 • 绿色供货贷 • 绿色"零账期"
		安装智能调节系统		
	商品包装	使用绿色环保购物袋	周期性采购环保购物袋与一次性采购环保购物篮	
		提供绿色环保购物篮		
	垃圾处理	垃圾分类	培训费、人工费、包装材料回收费、分类垃圾桶购置费等	
		绿色包装材料二次利用		
		临期/过期商品绿色处理		
	宣传	使用可循环宣传材料	宣传材料费、线上广告费等	
		线上宣传		
	物流	使用绿色环保包装方式	电动车购置费、绿色包装材料费等	
		使用电动车配送		
	无纸化运营	电子票据	自动收款设备、电子价格牌等	
		绿色环保价格标签		

续表

一级指标	二级指标	说明	资金需求	产品创新方向
基础设施建设	店面装修	合理设计空间布局	一次性大额资金需求（几万元至几十万元不等）与周期性维护资金	• 绿色装修贷
		使用绿色环保装修材料		
	周边绿化	附属绿地开发	一次性建设资金（几千元至几万元不等）与周期性维护资金	

资料来源：课题组整理。

4.2 支持小微企业绿色低碳发展的金融产品创新

基于细分行业的绿色融资场景分析，本书发现小微企业的绿色融资需求大致可分为以下四类：一是大额资金需求，主要用于购置先进生产设备、购买或装修厂房等，但容易受限于传统贷款周期短、贷款额度有限等。二是流动性贷款需求，主要用于采购绿色原材料、支持绿色运营费用等，但容易受限于贷款申报流程长、取用或偿还资金不便、融资成本高等。三是风险性资金需求，主要用于绿色低碳产品或技术研发，但容易受限于融资门槛高等。四是周期性资金需求，主要用于绿色设备、绿色厂房等周期性维护，特点是细分行业的资金需求规模及周期存在差异。为满足小微企业的特色需求，本书梳理了金融机构可创新开发的 20 余种金融产品，以贷款为主，涉及保险、股权等，同时描述了各产品的应用特点，以更好地支持其落地实践（见表4-5）。

表4-5 **绿色普惠创新产品**

产品类型	服务对象	特点
与碳账户相关的产品	小微企业	1. 贷款利率与企业碳账户挂钩，为企业发放低利率贷款、中长期贷款和信用贷款，满足绿色企业在利率、期限和担保方式等方面的多样化融资需求

续表

产品类型	服务对象	特点
与碳账户相关的产品	小微企业	2. 产品内嵌碳减排核算模型，自动核算碳减排量并计入企业碳账户，作为核定贷款金额和利率的重要依据，将金融资源向节能减碳成效显著的领域倾斜 3. 定期公开披露产品所支持的绿色低碳领域、贷款金额及利率、主要污染物下降规模和碳减排效应等要素
绿能贷	小微商业综合体、小微工业企业	1. 支持利用厂房屋顶的闲置区域安装光伏设备进行发电，解决屋顶分布式光伏项目前期投入大、投资回报周期长的问题 2. 基于市场调研设计专项贷款测算表，实现自动化测算授信额度，科学匹配期限 3. 以项目发电收益作为贷款重要还款来源，与屋顶所有方、设备发电方签订三方协议的方式，将项目光伏发电的收益用于还款 4. 对项目按照"单个核定、批量操作"的思路，形成标准化的"核额+放款"快捷贷款模式，同时针对此类项目采用专人负责、专业团队跟踪服务、开通绿色审批通道等方式加快业务办理的流程
绿色中标贷	小微投标商	1. 基于《绿色低碳转型产业指导目录（2024年版）》等绿色项目界定标准 2. 如果小微企业能够中标绿色项目，可以获得绿色中标贷，缓解资金周转难题
绿色供货贷	小微供货商	1. 基于绿色商品 2. 从第三方数据库或自身项目供应链大数据库中快速识别出核心企业、基于绿色商品采购合同对上游建材厂商及供应商提供的绿色信用贷款
绿色采购贷	小微经销商	1. 基于绿色核心企业 2. 与第三方独立权威机构开展合作，依据科学方法对绿色核心企业进行综合评估，如果核心企业被认定为绿色企业，那么向其采购产品的下游经销商可以享受绿色采购贷款
绿色"零账期"	小微电商	1. 基于绿色认证产品 2. 鼓励电商平台卖家销售绿色商品，通过绿色"零账期"帮助销售绿色商品的电商平台卖家立刻获得货款
绿色厂房贷	小微企业	以绿色厂房为抵押的中长期贷款
绿色绩效贷	小微企业	基于用水、用电、用能等ESG绩效优化情况的贷款，与普通贷款相比审批快、期限长

续表

产品类型	服务对象	特点
绿色小微信用付	小微企业、个体工商户	面向小微企业用于回收/采购绿色原材料的低息（甚至无息）短期小额贷款，以帮助小微企业缓解流动资金压力
绿色营运贷	小微企业	面向小微企业的用于保障绿色生产设施运营的贷款，贷款利率与设施数量及运行情况挂钩
绿色周转贷	小微企业	面向小微企业提供的中小额贷款，额度与供应链上下游企业的交易情况相关联，周期灵活，随取随用
绿色装修贷	小微企业	为装修办公楼、改造厂房、开发附属绿地的小微企业提供覆盖成本的80%及以上的贷款资金
绿色资产贷款	小微企业	以绿色固定资产采购单为基础提供贷款
更新贷	入园小微企业	面向进入绿色园区的小微企业提供用于高效、节能设备更新改造的贷款支持
动产质押贷	小微企业	面向经营状况良好的小微企业提供存货质押贷款服务，可以考虑以动产质押为主，房产抵押为辅，引入第三方动产质押管理公司
VOCs减排企业专项贷	小微企业	根据企业工艺流程优化可能带来的挥发性有机物（VOCs）减量情况，提供专项贷款支持
绿色工厂星级贷	小微企业	根据企业绿色工厂升级情况（如从四星级绿色工厂上升为五星级），提供对应的流动贷款或特定周期贷款支持
绿色科技贷	小微企业	面向小微企业提供定向支持节能降碳技术或产品研发的贷款支持
绿色融资租赁	小微企业	通过融资租赁支持小微企业获得高成本绿色设备
绿色厂房险	小微企业	聚焦绿色园区或其他集中分布的小微企业绿色厂房的保险，用于弥补意外情况下的巨额损失
绿色股权融资	小微企业	对接公共或私人部门的绿色基金、科创基金等，为符合条件的小微企业提供风险融资
特色服务		因需实施小微企业贷款延期还本付息政策，综合运用无还本续贷、展期、设置宽限期等方式减轻小微企业还款压力，支持暂时经营困难的普惠客户健康发展；与京东、抖音、小米等机构进行系统对接，拓展融资平台与结算平台

资料来源：课题组根据实践案例自行研制。

4.3 应用金融科技的创新服务模式

结合前文对地方实践的分析，金融机构可以借鉴"微绿达""衢州碳账户""湖州融资主体 ESG 评价"三种模式，创新推动绿色金融和普惠金融融合发展。

4.3.1 借鉴"微绿达"模式进行流动资金贷款智能认定

利用大数据分析和人工智能等技术手段推动流动资金贷款智能认定。对于小微企业流动资金贷款的认定，主要是识别贷款用途是否符合有关标准。金融机构可基于《绿色低碳转型产业指导目录（2024 年版）》，结合本书提出的绿色金融与普惠金融融合发展相关标准及细分行业场景剖析，建立"绿色生产资料库""关键词"匹配等创新手段实现流动资金贷款智能绿色认定，即通过生产运营全流程中可能出现的替代、减量、减污、增效、提质、回收利用等场景，建立识别关键词库，对流动资金贷款中的绿色贷款进行智能匹配和认定。此外，通过系统不断自动学习不同关键词，以及结合工信部、设备制造业发达的地方政府、规模较大的行业协会等的推荐，建立"绿色生产资料库"，迭代完善关键词库，提升匹配准确度。

4.3.2 借鉴"衢州碳账户"模式创新碳普惠服务

利用碳账户平台实现碳普惠的线上化与可视化。在获取数据方面，金融机构基于地方碳账户平台，在获得企业授权后，查询使用企业的碳征信报告，明确支持和限制的对象；通过对应平台的账户算法模块测算企业碳排放，进行贷前、贷中、贷后碳效分析，动态跟踪监测企业的碳排放情况，评估企业项目的风险状况，为差异化信贷政策提供可操作性。在线上碳金融服务方面，金融机构制定依托碳征信、对可采集碳减排数据的企业进行差别化信贷管理的操作指引；同时，以数字化手段将碳账户金融嵌入信贷业务全流程管理，在金融机构自身或地方投融资服务平台上架支持非项目融资业务的"低碳贷"和支持项目融资业务的"减碳贷"等金融产品，线上受理企业申请，完成企业碳账户信息与贷款金额、利率、期限及担保方式的匹配和审批①。

4.3.3　借鉴"湖州融资主体 ESG 评价"模式开展主体 ESG 评价

参照本书制定的 ESG 评价标准，建立主体 ESG 评价模型。ESG 评价模型需从环境影响、社会责任、公司治理三个维度，对企业进行评价打分，并进一步围绕小微企业群体特征，结合信贷客户样本数据，对小微企业 ESG 指标权重赋分进行合理调整，使其更加适用于金融机构小微信贷的各个环节。此外，可依托国家或地方大数据，汇集环保、经信、税务、人民银行等多个部门，实现 100% 线上取数和 100% 自动计算。

4.4　普惠个体的绿色融资场景及模式

低收入人群、残疾人、老年人等都是普惠金融的重点服务对象，这些群体的影响力相对较小，其绿色发展重点在于绿色生活方式的引导与践行。

普惠个体主要以贷款的方式进行融资，融资场景基本为个人消费。同时，碳普惠平台的发展使得与个人碳账户挂钩的金融服务受到广泛关注，这就要求金融机构需全面掌握包含普惠个体绿色消费在内的广泛绿色场景。本书梳理了绿色消费、绿色出行、低碳生活、循环生活、绿色办公、共享生活、碳交易 7 大类的 20 个细分场景（见表 4 - 6），供金融机构参考。

---

① 徐韶华. 基于碳账户的转型金融衢州实践［J］. 中国银行业，2022（7）.

表4-6   普惠个体的绿色场景

类型	具体活动
绿色消费	购置节能建筑与绿色建筑，既有住房节能改造融资
	购置新能源和清洁能源汽车
	其他绿色消费
绿色出行	行走
	非机动车出行
	公交出行
	地铁出行
低碳生活	绿色燃料
	使用环保包装
	环保减塑
	电子票据
	电子阅读
循环生活	二手回收
	废物利用
绿色办公	线上会议
	电子文件
共享生活	共享充电宝
	共享充电桩
碳交易	在碳市场、碳普惠平台等购买碳配额或者碳汇

资料来源：课题组整理。

第5章 绿色普惠融合发展的
难点与建议

综合考虑前文阐述的背景信息与实践资料，充分考量不同主体在推进绿色普惠融合发展过程中的参与情况，本章总结出绿色普惠融合发展需要克服的六个方面难点：符合普惠对象经营特性的绿色标准不明确，导致绿色普惠融合相关的金融需求和经营成果无法被清晰界定；绿色金融、普惠金融的财政和货币激励政策还缺乏有效的协调、衔接，两者的发展在落实层面上仍有相互割裂的趋势；信息不对称问题突出，判断普惠主体绿色行为的基础数据大量缺失；金融机构支持绿色金融、普惠金融融合发展的能力有待提高，缺乏有效评价这部分金融需求的信贷政策和风控机制；金融机构业务创新不足，缺乏符合普惠对象特征的绿色金融产品；普惠主体发展的有效需求不足。

绿色金融与普惠金融融合发展不仅是取交集问题，更是需要多方协同，构建认定标准、支持政策、专属产品、适用场景等一整套支撑体系。对此，建议产业部门加强对普惠主体绿色低碳发展的引导和政策支持，为金融系统提供绿色普惠融合发展的信息支持；建议金融管理部门完善绿色金融与普惠金融融合发展标准体系，加强对金融机构绿色金融与普惠金融融合发展的政策激励，牵头开展绿色金融与普惠金融融合发展试点和创新；建议地方政府结合区域特色，积极开展绿色金融与普惠金融融合发展先行先试，主动探索支持绿色普惠发展的政策机制和金融产品工具，特别是加快数字化基础设施建设，如搭建小微企业碳核算平台、推进小微企业信息共享、建立融资对接平台；建议金融机构积极开展绿色金融与普惠金融融合发展的产品与服务创新，加强绿色金融与普惠金融融合发展风险管理，完善内部激励约束机制建设；建议小微企业、涉农经营主体等积极关注绿色普惠融合发展，加强绿色低碳发展能力建设。

5.1 主要难点总结

5.1.1 缺乏符合普惠对象经营特性的绿色标准

构建并完善绿色普惠金融标准体系，是开展绿色普惠金融的前提和依据。从目前情况看，金融管理部门对两者发展的单行指导意见和制度办法较多，但促进融合发展的制度很少，尤其是在贷款统计方面。绿色金融注重引导实体经济相关融资主体的绿色低碳行为，依据人民银行发布的《关于修订绿色贷款专项统计制度的通知》（银发〔2019〕326号），绿色贷款按贷款用途分类统计，绿色标准主要适用于大型企业及节能技改等项目融资主体。普惠金融则关注对普惠群体的金融覆盖。

由于绿色贷款和普惠贷款统计方法存在差异，导致绿色普惠融合相关的金融需求和经营成果无法被清晰界定，若直接取二者交集，不论在绿色贷款基础上统计普惠贷款，还是在普惠贷款基础上统计绿色贷款，两种方法均无法完整反映投向绿色普惠领域的贷款数据。一方面，在绿色贷款的基础上进一步统计符合普惠标准的贷款，存在同一主体不同用途的贷款只能部分纳入的问题。专业门槛原因致使银行从业人员对于产品、服务是否符合绿色普惠范畴感到困惑，企业参与主体也无法有效辨别自身完全或部分是否符合绿色普惠要求。另一方面，在普惠贷款的基础上进一步统计符合绿色标准的贷款，又面临难以精准识别的问题[1]。绿色金融与普惠金融融

---

[1] 王方琪."普惠"兼容"绿色"须建立标准[N].中国银行保险报，2022-11-17（006）.

合发展的主要服务对象以农民、小微企业、个体工商户等为主，其生产经营数据缺失较大、统计不规范，目前获取这些绿色信息还缺乏规范有效的机制和渠道，相关机构与金融部门的信息共享也未畅通，进一步增加了绿色普惠统计的难度[①]。

5.1.2　缺乏有效协调衔接的财政和货币激励政策

不论是绿色金融还是普惠金融，都存在较强的外部性问题，需要政策引导和政策支持避免市场失灵，保障资源配置。但对于绿色金融和普惠金融的融合发展，不论从普惠主体看，还是从金融机构看，都缺少专项、协调、衔接的财政和货币激励政策，两者的发展在落实层面上存在相互割裂的趋势。

一方面，从普惠主体看，缺乏引导普惠对象绿色低碳转型的激励机制。现有的绿色政策主要关注节能降碳、环境保护、资源循环利用、清洁能源等产业中的大项目、大企业，目前尚无专门针对普惠对象绿色低碳转型的专项激励机制。在现有绿色贷款标准下，普惠主体的绿色贷款认定困难，普惠对象获取绿色资金的难度较大[②]。同时，普惠主体是碳减排的重点领域，但对于生存是第一要务的小微企业而言，其自我绿色行为的驱动力不强。普惠主体自身往往缺乏绿色转型意识及动力，需要相关的激励机制引导普惠对象开展绿色低碳转型[③]。

另一方面，从金融机构看，促进绿色金融、普惠金融融合发展的财政和货币激励政策协调性不强。我国对金融机构开展绿色金融及普惠金融分别出台了一系列引导性政策，但暂未明确提出引导金融机构融合发展绿色普惠业务的政策指引。监管机构缺乏政策指引及考核激励机制，会导致金

---

①　张奎. 普惠金融与绿色金融融合发展的浙江实践［J］. 中国金融，2022（21）.

②　张芳，章璐，冷奥旗. 供应链金融支持绿色普惠融合发展创新与政策建议研究［J］. 西南金融，2024（7）.

③　蒋牧云，何莎莎. 绿色普惠金融创新提速［N］. 中国经营报，2023 – 10 – 23（B01）.

融机构融合发展绿色普惠业务的动力不足，难以有效推进绿色金融与普惠金融融合发展产品及服务创新发展。

5.1.3 绿色普惠领域信息不对称问题突出

绿色金融和普惠金融都面临信息不对称问题。在绿色金融发展中，金融机构难以准确获取企业尤其是小微企业碳相关数据，导致碳资产真实价值难以被准确核算，影响市场纵深发展。普惠金融则面临服务对象信息、信用、担保缺失问题，在推广中存在难度。此外，绿色金融与普惠金融融合发展还面临各领域、各部门信息的沟通共享问题，缺乏通畅的信息共享渠道和机制也导致了绿色普惠领域的信息不对称。

就金融机构而言，数据获取难具体表现在以下两个方面：第一，卫星数据预处理方法对基础数据的需求不高，且该技术仅限于对地表树木中储碳量的计算，局限性较大，目前多数技术的实现仍需要大量源数据的支撑。第二，部分金融机构虽然可通过网络化的金融服务积累部分场景数据，但如电力、燃气、污废、环罚等公共事业数据仍然受限于部分政府部门数据开放的严谨性而无法被使用，部分非法人银行也存在因所处地层级受限而无法取得普惠数据的情况，导致部分企业用户的数据维度无法满足平台的入模要求，或因数据不全导致相关计算不能继续。同时，由于数据归集的滞后性，平台信息库的更新并不及时，部分数据缺乏时效性，易带来资源较难同步、计算结果失真甚至归集不可持续的问题。

5.1.4 金融机构支持绿色普惠融合发展的能力有待提高

金融机构在绿色普惠领域的政策制度建设、产品创新等方面能力有待提高，缺乏能够有效评价这部分金融需求的信贷政策和风控机制。一方面，目前金融机构普遍缺少清晰明确的绿色金融与普惠金融融合发展目标、专项支持政策与协同治理机制，导致总行与分支机构、绿色金融部与普惠金融部的关注重点有所差异。另一方面，金融机构往往缺乏绿色产业和技术方向的专业人员，缺少对绿色金融的深入了解和相关专业知识。在绿色普惠标准不明确的现状下，普惠对象的绿色认定需要依靠金融机构自身对相关绿色场景进行梳理和判断，这也提升了业务的复杂程度，对金融机构优化信贷政策、提高风控能力提出了更高要求。

5.1.5　绿色金融与普惠金融融合发展产品的适配性不强

金融机构业务创新不足，市场上缺乏符合普惠对象特征的绿色转型金融产品。对于普惠主体来说，绿色金融与普惠金融融合发展产品应至少满足三个条件：简单易申请，不会造成过重的资料填报负担；信用资质认定特色化，以解决有效抵押物不足、信用额度低的问题；融资方式与期限灵活，满足流动资金或特定条件下中长期资金需求。

目前，市场上的绿色金融与普惠金融融合发展产品往往是对绿色金融产品的简单复制，缺少针对普惠对象融资需求、结合地域特色、借助金融科技等现代技术手段开展金融产品和服务的创新，没有拓展绿色金融与普惠金融融合发展业务的广度和深度。

5.1.6　普惠主体绿色发展的有效需求不足

绿色化发展成本较高、发展能力较弱，以及预期收益不明显，导致普惠主体绿色发展意识落后。一是绿色化发展预估成本过高抑制了其绿色发展需求。对于企业而言，绿色化发展的成本包括新设备采购、产品认证、技术引进和人才培养等环节费用或投入，但对于小微企业而言，这将进一步提高其成本。二是绿色化发展能力较弱不足以支撑其绿色发展需求。从整个社会来看，绿色发展归根到底源于技术进步，而这需要专业人才的培养。对于普惠主体而言，对绿色政策不了解、缺少专业指导、缺乏相关专业人才等因素，都会制约其绿色发展需求。三是绿色化发展预期收益不明确导致其绿色发展动力不足。目前，我国绿色消费市场发育不足，绿色产品的市场溢价不明显，导致绿色转型的预期收益不明确。

普惠主体绿色发展的有效需求不足，又进一步导致普惠主体绿色融资积极性降低。一是普惠主体缺乏对可持续发展理念的了解，较多关注贷款的优惠性与便利性，对绿色金融的敏感性较低。二是存在低碳转型发展顾虑。部分普惠主体因低碳转型需要前期资本投入，且在一定程度上将影响中短期的现金流而有所顾虑。普惠主体信用资质不足。小微企业与农户等均存在有效抵押物不足、数据统计不明晰、交易流水未利用等问题，缺乏有效评估或证明其信用水平的方式。以农业农村为例，农业生产设备、农作物、禽畜等由于价值评估难、变现难、违约处置难等问题暂较难成为有效的抵押担保物支撑农民融资增信提额。尽管部分金融机构已采用基于禽畜动态监测的授信机制，但前提是需要农户增设自动化管理设备，门槛较高。

5.2 面向产业部门的建议

5.2.1 加强对普惠主体绿色低碳发展意识和行为的引导

一是建议行业主管部门加快确定普惠主体的绿色低碳发展路径。根据小微企业等普惠主体涉及行业广泛、融资需求多元的特点，梳理各行业普惠主体的总体情况与绿色低碳发展趋势，把握普惠主体可持续发展的区域特点与群体特征，设计兼容性强、参考性高、理解门槛低的绿色低碳发展路径。健全行业绿色发展标准体系与市场体系，推进农业、工业、能源、交通运输业等绿色金融与普惠金融融合发展重点行业的持续健康发展，推进供给侧结构性改革，为金融服务"双碳"目标夯实行业基础。发布指引促进鉴证、评级等第三方机构市场的规范发展，提升绿色金融与普惠金融融合发展业务认定与推广效能。

二是建议产业部门及时梳理普惠主体绿色化发展的示范模式与案例。确立绿色普惠融合发展的试点行业或地区，从普惠主体个性化需求出发，有针对性地探索、总结、完善相关政策措施，切实将绿色普惠发展向纵深推进。按照"边建设、边总结、边推广"的原则，及时发布小微企业绿色低碳发展指南和示范案例、农户绿色低碳经营的指南和典型场景等，复制推广有效的经验模式。

三是建议产业部门加强宣传教育和能力建设。采用宣传片、宣传册、出版物等多种形式，大力宣传普惠主体绿色发展的重大意义、目标任务和重要举措。用好新媒体工具，加强科学引导与典型报道，提高宣传的精准性、有效性。联合行业协会等国内外平台，开展面向小微企业与农户等重要普惠主体的能力建设，培训交流内容可包括政策解读、技术应用、路径选取、融资模式等多个维度。

5.2.2 强化对绿色普惠融合发展的信息支撑

一是建议产业部门联动建立绿色对象认定的信息共享机制。建议各产业部门协同梳理现有绿色对象的认定机制与结果，包括但不限于绿色产品、有机农产品、森林生态标志产品认定，以及绿色工厂、绿色供应链管理企业等认证，提升绿色主体、绿色项目定义和识别操作的便利性、简洁性，降低金融机构识别普惠主体绿色行为的操作难度和识别成本。建议工信部"绿色制造"体系中"绿色供应链管理企业"涵盖的行业范围逐步拓展[1]，覆盖更多行业，定期确定代表性强、影响力大、经营实力雄厚、绿色供应链管理基础好的核心企业并与金融部门进行信息共享[2]。

---

[1] 依据工业和信息化部办公厅《关于开展 2022 年度绿色制造名单推荐工作的通知》，绿色供应链覆盖了汽车、航空航天、船舶、电子电器、通信、电力装备、大型成套装备机械、轻工、纺织、食品、医药、建材、电子商务、快递包装等行业。

[2] 毛涛. 中国绿色供应链管理实践评价及"十四五"工作建议［J］. 供应链管理，2020，1（10）.

二是建议产业部门统计并公开小微企业（分行业）碳排放水平数据。建立适用于小微企业的碳排放统计核算制度，规范小微企业碳排放统计指标、方法与流程，制定符合小微企业特点的能耗双控与碳排放双控的差异化目标，推动整个产业链科学减碳。建立国家或地区的碳排放信息数字化管理体系，培育碳排放统计核算机构与人员，强化能源、工业等领域小微企业相关统计信息的收集和处理能力，稳妥有序地推进信息披露与共享。

5.3 面向金融管理部门的建议

5.3.1 完善绿色金融与普惠金融融合发展标准体系

一是建议推进绿色金融与普惠金融融合发展界定标准。细化完善现有相关标准。以绿色金融标准为基础，增设符合小微企业、农户等普惠主体生产经营活动特征的活动类型；或以普惠金融标准为基础，细化不同绿色低碳发展方向的支持范围与要求。建设绿色普惠主体认定标准，建议参考前文提出的"五选一"的绿色小微主体认定方式，包括权威认定法、第三方认定法、绿色收入占比法、减排成效法、ESG 评价法等。

二是建议建立绿色金融与普惠金融融合发展统计标准。探索主体及项目活动双维度的统计方式，包括但不限于绿色普惠主体活动统计（如绿色小微企业、绿色消费者、绿色农业主体的经济活动）与普惠主体的相关活动统计（如小微企业、农村农业及普惠个体的绿色化经济活动）。支持绿色普惠贷款在普通贷款、固定资产贷款、个人经营贷款、消费贷款、融资租赁等类别中的界定及统计。发布标准配套文件，完善统计标准执行的方法、制度与信息化管理系统，提升统计标准的执行效率。

5.3.2　建立绿色金融与普惠金融融合发展的激励机制

一是优化货币政策。促进现有货币政策工具的双向倾斜，一方面，考虑将碳减排支持工具等支持绿色金融的货币政策工具适度向普惠主体倾斜；另一方面，将支农再贷款、支小再贷款、普惠金融定向降准等优先分配给有关普惠主体的绿色低碳活动。制定支持绿色金融与普惠金融融合发展的专项货币政策，例如，对已认定为绿色小微企业的主体性贷款提供降准或再贷款支持。

二是建立激励约束机制。将普惠金融要素纳入绿色金融评价体系，把绿色金融与普惠金融融合发展总额占比及同比增速、总额份额占比及同比增速等作为考核指标，并将评估结果应用于央行对金融机构评级等政策和审慎管理工具。同时，在普惠金融评价体系中将对绿色普惠主体的支持作为额外的评估要素，对于表现突出的金融机构给予适度奖补。

5.3.3　支持绿色金融与普惠金融融合发展试点和创新

一是支持区域维度绿色普惠融合试点。鼓励在国家绿色金融改革创新试验区、国家普惠金融改革试验区及国家小微金融改革试验区等区域优先开展绿色金融与普惠金融融合发展试点，纳入试点任务。鼓励其他地区根据产业结构特点与实际发展情况确定绿色金融与普惠金融融合发展试点领域，包括金融支持绿色农业/渔业、小微制造企业、出口型小微企业等。

二是支持金融机构维度绿色普惠融合试点。鼓励金融机构（尤其是银行业保险业金融机构）开展绿色金融与普惠金融融合发展试点，选择确定一批国有银行、城市商业银行、农村商业银行、农村信用合作社、保险机构等作为试点机构，推动确定特色化的试点任务与目标，探索和拓展绿色金融与普惠金融融合发展的服务方式与应用场景。

5.4 面向地方政府的建议

5.4.1 推进绿色金融与普惠金融融合发展先行先试

一是建立绿色金融与普惠金融融合发展工作机制，制定发展战略。建立绿色普惠工作领导机制，加强顶层设计，统筹规划，协调解决建设绿色金融与普惠金融融合发展过程中的重大问题。优化地区发展战略，纳入绿色普惠融合发展的任务与目标，建立跨区域、跨部门、跨机构的"责任制＋清单制＋路线图＋政策评估"机制。

二是培育绿色金融与普惠金融融合发展市场主体，促进产业发展。完善绿色金融组织体系，鼓励全国性金融机构健全绿色金融与普惠金融融合发展架构，推动地方法人金融机构拓展绿色金融与普惠金融融合发展业务。建立金融支持普惠主体绿色发展示范体系，推进金融资本与绿色产业融合发展，健全绿色普惠低碳投融资规划，开展金融服务小微企业绿色转型升级试点、金融支持绿色农业试点等。

三是探索绿色普惠标准建设，推广试点经验。探索供应链金融产品服务支持绿色金融与普惠金融融合发展的产品标准、金融支持绿色农业的标准、绿色普惠贷款统计标准等团体标准，为金融行业标准建立提供实践参考。总结试点地区可复制可推广的经验，促进我国甚至世界范围内的绿色金融与普惠金融融合发展。

5.4.2 开发支持绿色普惠发展的工具

一是搭建小微企业碳核算平台。创建碳核算中心，整合统计、电力、生态环保、金融等部门数据，建立分层分类、统一规范的碳排放统计核算体系，支持开展碳排放信息披露、碳绩效考核、碳预算管理等。

二是推进小微企业信息共享。建立各政府部门与行业协会、金融机构协同建立信息共享合作机制，辅助小微企业与金融机构查询气候气象数据、碳排放数据、信用数据等，支持小微企业科学应对自然灾害，支持金融机构科学管理环境气候风险。

三是建立融资对接平台。建设大数据综合金融服务平台，与传统银行贷款平台、地方征信平台进行融合。进一步延伸农村金融服务触角，健全融资服务体系，引导各类金融机构和地方金融组织入驻平台，为普惠主体提供多层次、差异化、一站式线上融资服务。系统筛选绿色小微客户，对接小微网贷等线上信贷产品，批量开展绿色融资业务。

四是支持绿色流动资金贷款认定。解剖重点行业流动资金贷款场景，分类归纳生产运营全流程中可能出现的绿色场景，细化流动资金贷款投向；建立识别关键词库，对流动资金贷款中的绿色贷款进行智能识别、匹配和认定。提供绿色小微主体评价等公共服务，支持金融机构开展授信及信贷支持。

5.4.3　建立支持绿色普惠发展的政策和激励机制

一是分层提供财政支持，规范违信行为。产业部门与金融部门协同形成支持绿色普惠发展的政策，参照地方重点扶持科创企业发展的相关奖补贴息政策，将头部绿色小微企业纳入支持范围。建立健全小微企业信用评级法律法规，加强行为规范、失信惩罚机制建设。

二是灵活应用生产要素，形成长效激励。丰富激励方式与手段，向绿色低碳发展的小微企业提供差异化的用电、用能、用地指标等多维度配套措施，将考察指标由产出规模转化为单位产出与企业发展可持续性，提高市场主体积极性。

三是使用政策性担保等方式，引导金融机构支持绿色普惠发展。与地方农业担保有限公司合作，结合乡村振兴，以"三农"为重点服务对象，推动生态农业、资源循环利用等行业的业务发展；与其他政策性担保公司或企业信用保证基金合作，推出批量担保方式，优先支持小微企业绿色贷款。

5.5　面向金融机构的建议

5.5.1　构建客户 ESG 量化评价体系

一是加强客户 ESG 评价的数据和模型能力建设。数据方面，综合运用网络爬虫、外部采购、客户经理收集等方式拓展 ESG 数据来源，提高数据丰富度、准确率、及时性，推动客户 ESG 信息整合，搭建统一的 ESG 数据库，丰富客户画像维度。模型方面，按照"通用 + 行业特色""数据驱动 + 专家经验"的思路，开发 ESG 评价模型，并结合实际持续迭代优化。

二是积极探索客户 ESG 评价结果应用。在信贷流程方面，完善 ESG 相关信贷管理制度，将 ESG 作为客户准入、行业策略的重要因素，探索将 ESG 因素融入信用评级，将客户 ESG 评价结果纳入贷款定价模型。在风险管理方面，研究将 ESG 纳入贷后风险分析，发挥 ESG 对信用风险暴露的先行指标作用，提高客户风险预警能力。在产品创新方面，加大对 ESG 评价结果的应用力度，创新与 ESG 评价挂钩的可持续贷款和债券产品。

5.5.2　创新绿色金融与普惠金融融合发展产品与服务

一是基于普惠主体绿色供应链的创新。围绕绿色核心企业采购、供货等场景下的普惠对象创新产品与服务，如绿色采购贷、绿色供货贷、绿色中标贷等，以鼓励小微企业参与绿色项目建设，促进产业链中绿色商品的流通。

二是基于普惠主体流动资金需求场景的创新。细化不同行业小微企业的流动资金贷款场景，深度结合业务实景开展创新，推出减排企业专项贷、绿色工厂星级贷、绿色信农贷、绿色科技贷等多款对公绿色场景服务方案，满足差异化经营周期下的小微企业流动资金需求。

三是围绕小微企业集中入园的创新。用金融手段支持"低小散"企业集中入园，对集聚产业提供一站式、链条式金融服务，如更新贷、动产质押贷等。根据小微企业资金回流的特点，将贷款期限设定为中长期，即借款人可根据自身经营盈余逐年归还贷款。

四是围绕环境权益抵（质）押融资的创新。针对环境权益融资在客户群体、融资用途、融资要素、办理流程等方面的特殊性，从贷款审批、质押率、贷款利率、违约处置等方面，完善政策制度安排、创新金融产品与服务。一方面，在业务发展初期采用追加担保方式；另一方面，在用好环境权益抵（质）押功能的同时，将污染物减排指标、工业企业亩均产值污染物排放等纳入利率审批模型。

5.5.3　加强绿色金融与普惠金融融合发展风险管理

一是加强对绿色金融与普惠金融融合发展客户生产经营过程的风险管理。针对普惠客户通常缺乏抵押物、存活期短等特点，在风险管理模型中更多关注非财务数据。综合利用小微企业的用电、用煤、用气、用油等能耗数据，交易流水、运货单、用料单等经营数据，员工数量及社保缴纳额等人员数据，卫星遥感等定位数据，分析小微企业环境、社会、治理情况，作为风险管理的重要依据。

二是加强对绿色金融与普惠金融融合发展业务的气候风险管理。结合地区气候特征或普惠主体的行业属性，设置不同的风险系数，重点关注客户较为集中的行业，或涉农领域和海洋领域等易受极端气候影响的对象，并在必要时进行气候风险压力测试。

三是加强对普惠对象"洗绿"行为的风险管理。设立内部风险管理数字平台，并与外部信息对接，应用金融科技手段获取绿色/可持续相关信息的佐证材料，提高绿色金融与普惠金融融合发展的服务质效。

5.5.4　促进绿色金融与普惠金融融合发展体系化

董事会将绿色普惠融合发展作为重要战略议题，制定全机构短期—中期—长期的战略规划；管理层成立绿色金融与普惠金融融合发展协同工作组，由普惠金融部、信用管理部、绿色金融部等相关部门的领导担任成员；执行层发布支持绿色普惠融合的信贷政策、激励政策、管理政策，具体分工如下。

普惠金融部门加强对客户基础信息的收集与管理，加强对核心企业经营状况、核心企业与上下游链条企业交易情况的分析，更全面地刻画客户画像，了解客户融资用途。

信用管理部门强化对现有绿色普惠业务的归总，挖掘适用于普惠主体的绿色场景，完成绿色普惠主体或绿色业务与行为的认定，因需提供绿色供应链金融等特色金融服务，推进绿色金融业务下沉与规模拓展。

风险管理部门建立以 ESG 评价体系为主的风控体系，加强对核心企业所处行业发展前景的研判，及时开展风险预警、核查与处置；根据供应链交易记录及其金融业务特点，提高事前、事中和事后各个环节风险管理的针对性和有效性，构建风控技术模型和动态的信贷额度管理决策体系。

5.5.5　完善内部激励约束机制建设

一是加强建设绿色普惠专项考核制度。加大金融机构内部小微部门、普惠金融部门及"三农"部门对绿色金融业务占比的考核力度。围绕自身战略目标规划，将绿色普惠理念和元素融入各业务条线、前中后台各环节，建立长效的考核机制，明确绿色金融与普惠金融融合发展同高级管理层和员工绩效考核挂钩，将定量与定性考核指标相结合，按季通报、定期考核，推进绿色金融与普惠金融融合发展业务高效稳健发展。

二是探索设置绿色金融与普惠金融融合发展差异化资本条件。建议金融机构每年根据绿色金融与普惠金融融合发展业务需要专项拨备考核款项，完善 FTP 绿色普惠定价机制。建议有条件的中小规模商业银行在监管机构指导下，以保持银行总体资产风险权重不变为前提，以绿色金融与普惠金融融合发展领域为范围，探索降低绿色普惠资产风险权重。

5.6　面向小微企业的建议

5.6.1　增强绿色普惠融合发展意识

关注绿色金融与普惠金融融合发展趋势，提升对绿色普惠融合发展的理解认识。建议关注国家、行业协会的宏观战略与指引性政策，了解所属行业的重点绿色低碳发展方向，减少对污染型、低能效型生产经营活动的人员与资金投入。建议关注地方政府、金融机构的支持性政策与服务，主要挖掘自身可持续发展目标与需求，积极寻求对绿色金融与普惠金融融合发展产品与服务的支持。

5.6.2　采取绿色低碳发展行动

立足地区特性与行业特点，采取综合举措践行低碳发展。在能源端，使用水电、太阳能或风力发电等绿色电力，使用沼气、生物天然气等可再生清洁绿色燃气，减少对化石燃料的依赖，同时，通过余热回收和再利用等实现能源的综合利用和高效转化。在生产端，采用高效节能设备，引入智能制造、数字化管理等先进技术，提升生产效率和资源利用效率；购置绿色原材料，采用清洁生产工艺，加强废弃物资源化利用和无害化处置，减少生产过程的碳排放与环境污染。在消费端，开展包括线上推广在内的绿色营销活动，提供绿色包装与绿色物流，加强回收体系建设，完善绿色服务体系。

5.6.3　加强绿色低碳发展能力建设

提升绿色低碳产品研发能力，增强碳减排战略执行能力。建议加大质量技术创新投入力度，推进质量设计、试验检测、可靠性工程等先进质量技术的研发应用，促进品种开发和品质升级，尤其是耐高温耐干旱的农产品与符合日趋严格的绿色、可持续、循环要素标准的出口型产品。建议加强对管理层与普通员工关于可持续发展理念的培训，形成低碳生产、绿色生活的良好氛围，制订极端天气应急管理预案，通过预演等方式提高员工应对能力。

第6章 绿色金融与普惠金融
融合发展实践案例

为了更好地引导有关方关注并推进绿色普惠融合发展事项，本章收录了绿色金融与普惠金融融合发展的实践案例。在我国地方政府实践案例方面，聚焦标准研制及应用、科技平台赋能、工作方案设计等，选取了贵州省、浙江台州市、浙江湖州市、浙江衢州市、江西赣州市的相关做法。在金融机构实践方面，选取了农业银行等国有银行、兴业银行等股份制银行、江苏银行等城商行、安吉农商行等农商行，以及汇丰银行等国外金融机构的实践案例，以期为不同地区、不同类型的金融机构建立绿色金融与普惠金融融合发展服务体系提供参考。

6.1 我国地方政府实践案例

6.1.1 贵州省创新研制并应用绿色普惠信贷标准[①]

贵州省金融学会与贵州省农村信用社联合社牵头成立绿色普惠金融研究工作组，统筹开展绿色普惠金融标准研制工作，形成团体标准《绿色普惠信贷支持经济活动 分类与编码 农业及相关行业》，并按照"边研制、边试点、边总结、边完善"的思路，在贵州农信系统试点运用，在试行中及

---

① 本案例由贵州省金融学会、贵州省农村信用社联合社提供。

时梳理、总结和完善，推动绿色金融和普惠金融融合发展。

一是聚焦农业领域，研制绿色普惠金融标准。绿色普惠金融研究工作组针对绿色普惠项目识别难题，以农业为突破口，对现行标准支持但未展开解释的领域，结合行业政策文件，进一步补充细化，形成团体标准《绿色普惠信贷支持经济活动分类与编码 农业及相关行业》，引导金融资源投向经济绿色发展的薄弱环节和领域，促进绿色金融政策红利向散、小、弱的普惠群体倾斜。

二是开展试点运用，绿色普惠融合发展初见成效。2022 年，贵州省农村信用社联合社率先在黔东南州台江县和毕节市大方县开展试点。2023 年，在贵州省农信系统 83 家行社广泛试用。截至 2023 年末，依据绿色普惠团体标准共支持 129.71 万户普惠群体的绿色融资需求，金额达 1028.49 亿元，推动绿色普惠金融发展落地生效。

三是打造绿色普惠标杆银行，构建金融配套体系。贵州省农村信用社联合社以完善绿色普惠金融配套体系为目标，出台绿色普惠标杆银行建设方案，明晰标杆行建设目标、重点举措和评价细则。截至 2023 年末，贵州农信共有 50 余家行社全力推进绿色转型发展，其中大方农商行成为西部首家签署联合国《负责任银行原则》的县域农村金融机构。

四是聚焦绿色普惠金融，创新金融产品与服务。贵州省农村信用社联合社围绕绿色普惠，构建"黔农·绿色普惠贷"品牌体系，创新推出竹链贷、绿讼贷、古屋贷、水权贷、生态公益林补偿收益权质押贷、碳票质押贷、活牛抵押贷等金融产品，丰富农业农村金融供给，促进普惠群体绿色发展。

6.1.2 浙江台州创新开发"微绿达"绿色普惠金融应用场景①

服务小微企业绿色发展与低碳化转型是普惠金融的重要内容。浙江台

---

① 本案例由中国人民银行台州市分行提供。

州作为全国小微企业金融服务改革创新试验区，在中国人民银行台州分行的指导下，以问题为导向，坚持"共建、共享、共用"原则，探索形成了一套着力解决"流动贷款绿色认定难、小微主体绿色评价难、小法人机构环境信息披露难"的普惠绿色金融数字化模式，从样本行业①开始解剖，逐步向其他行业推广，并通过"微绿达"平台实现了功能落地，初步形成普惠金融与绿色金融融合创新的"台州方案"。

一是搭建服务平台，提供公共服务。依托台州市数智金融服务平台，与专业第三方机构合作搭建绿色信贷识别系统，为辖内各金融机构提供免费的流动贷款绿色识别认定服务。

二是选定重点行业，对流动资金贷款场景进行"麻雀解剖"式的梳理。对重点行业生产运营全流程中可能存在的替代、减量、减污、增效、提质、回收利用等绿色场景进行梳理分类，包括但不限于原材料采购、设备采购、生产过程污染管理、产品流通及基础设施建设等可能包含绿色要素的各个环节。

三是建立"绿色生产资料库"，为金融机构"认绿"提供参考。结合工信部、设备制造业发达的地方政府和规模较大的行业协会等推荐的产品目录，建立"绿色生产资料库"，只需提供对应的产品类型、产品型号或厂商名称，便能实现对流动资金贷款的高效"认绿"。

四是确定技术路径，以"关键词"匹配实现流动贷款的智能认定。分阶段建立并完善不同行业的关键词库，根据流动资金贷款的投向索引对应行业下的词库信息，检索用途描述中的相关字段能否与之匹配，以此实现对流动资金贷款的智能认定（见表 6-1）。此外，为保证认定结果的时效性，"微绿达"平台还借助政府部门、金融机构、小微企业、第三方机构等多方共建机制，形成了对关键词库的迭代更新。

---

① 台州优先选取了本地两大制造业主导行业"模具制造""汽车零部件及配件制造"为样本行业。

表 6 –1   "微绿达" 关键词建立和完善阶段

阶段名称	关键词内容
阶段一：基础实现阶段	通过贷款的投向行业和用途描述，对关键词进行匹配，实现智能识别
阶段二：关键词自动学习阶段	在绿色信贷识别系统不断运行过程中，对金融机构提供的不同关键词进行自动学习，扩充可匹配的关键词库
阶段三：生产资料库建设阶段	建立 "绿色生产资料库"，梳理特定行业全产业链，对可能涉及的绿色贷款用途进行标识，梳理关键词清单
阶段四：自动迭代阶段	组织金融机构、小微企业、行业协会、政府部门、第三方机构参与到识别依据的完善过程中，实现系统对 "关键词" 的自我完善和迭代更新

资料来源：中国人民银行台州市分行。

台州 "微绿达" 普惠绿色应用场景具有以下特点：一是 "提质" 而非 "增量"。"微绿达" 平台根据人民银行现行的《绿色贷款专项统计制度》，对其中的绿色贷款用途进行细分式的补充而非范围式的扩面。二是 "减负" 而非 "增压"。平台充分考虑银行一线人员的业务量和业务能力，减轻其在尽职调查、材料审核等方面的工作负担，并为其提供应对监管审核的可供高效验证的建议。三是 "循序渐进" 而非 "一步到位"。研究制定全国首个绿色普惠金融团体标准《小微企业绿色评价规范》，分阶段推进流动资金贷款认定的完善与深化，积累现行标准未覆盖的、与普惠群体紧密相关的绿色场景，并以此为基础逐步探索绿色流动资金贷款场景的拓展①。

自 2022 年 2 月上线至 2023 年 6 月，"微绿达" 已累计识别约 2 万笔流动性绿色贷款，识别金额近 1000 亿元，涉及市场主体 1.3 万余个，智能识别成功率超过 90%，推动台州市普惠绿色贷款占比实现翻番。此外，依托流动资金贷款自动识别结果，台州打通平台与信保基金融资担保公司的合作模式，创新开发绿色金融担保产品 "绿贷保"，以 "贷前识别 + 贷后担

---

① 在原有的样本行业基础上，开展 "微绿达" 二期建设工程，实现对泵、塑料、瓜果种植、海水养殖等行业的拓展。

保"的形式达到为普惠主体减费让利和增信降险的效果，目前已有十余家银行开展了近百笔"绿贷保"业务，合计存续金额约为 1.5 亿元。

6.1.3　浙江湖州打好政策"组合拳"推动绿色普惠融合发展①

浙江湖州作为全国首批绿色金融改革创新试验区，积极开展绿色金融改革先行先试，其政府及金融管理部门在绿色金融与普惠金融融合发展方面开展了大量的工作，推动了相关领域的创新和实践。

绿色金融和普惠金融融合发展的外部性特征明显，湖州充分发挥政府"有形的手"的作用，引导资金持续投向"普惠＋绿色低碳"领域，主要做了以下三个方面工作。

一是将绿色金融的标准和规则嵌入普惠金融领域。湖州从 2019 年起率先制定并发布了《绿色农业贷款实施规范》《绿色普惠信贷实施要求》《美丽乡村建设绿色贷款实施规范》等绿色普惠地方标准，为金融机构识别普惠中的绿色，提供了可操作的指引。

绿色普惠金融发展规划或促进条例明确指明了绿色普惠金融的发展目标、重点领域和政策措施，可为绿色普惠金融提供政策指导和支持。2021 年湖州市人大常委会发布《湖州市绿色金融促进条例》，通过法律明确支持绿色金融与普惠金融融合发展，鼓励和支持绿色普惠金融产品与服务的创新，提高绿色普惠金融的服务质量和效率。例如，鼓励金融机构在绿色农业等方面创新绿色信贷产品，降低绿色信贷融资成本，扩大绿色信贷规模，加大对绿色普惠的支持力度；鼓励保险机构围绕农业生产等方面创新绿色保险产品，规范和优化保险服务。

另外，对于小微企业，湖州充分运用大数据手段，于 2021 年开发上线了全国首个区域性融资主体 ESG 评价系统，从环境、社会、公司治理三大

---

① 本案例由中国人民银行湖州市分行提供。

维度对小微企业进行绿色评价，目前已评价了 1.8 万家企业，便于金融机构高效识别并支持这些绿色小微企业。

二是以政策引导激发绿色普惠金融内生动力。近年来，湖州积极推动与绿色普惠相关的财税政策和货币政策相融合，通过减少成本和增加利润的方式引导金融资源投入绿色普惠领域。比如，市政府出台"绿色金融25条"等政策，安排 10 亿元财政专项资金和 1 亿元贴息资金，对绿色小微企业融资等进行奖补；安排 5000 万元"绿贷险"扶持资金、3 亿元"绿贷保"信保基金，为小微企业和"三农"提供担保增信；在人民银行再贷款、央行评级中充分考虑绿色金融因素，并将普惠小微贷款纳入考核等。这一系列政策"组合拳"，既有助于提高金融机构开展绿色普惠业务的积极性，又能进一步降低综合成本，强化可持续发展能力。

三是金融科技赋能绿色普惠金融发展。绿色金融和普惠金融都面临信息不对称问题。在绿色金融发展过程中，金融机构难以准确获取企业尤其是小微企业碳排放相关数据，导致碳资产真实价值难以被准确核算，影响市场向纵深发展。普惠金融则面临服务对象信息、信用、担保缺失问题。要推动两者持续协同发展，就必须解决信息不对称这一共性问题。为此，湖州运用数字技术，加强金融基础设施建设，打通了金融机构服务长尾客户、助力"双碳"目标实现的"最后一公里"。

一方面，打造数智绿金体系，破解信息不对称难题。湖州打造了"绿贷通"银企对接平台，创新"抢单制""信贷超市"等模式，2018 年上线以来，累计帮助 3.87 万家企业获得银行授信 5627 亿元。此外，2019 年，湖州承建了人民银行绿色金融信息管理系统，实现对绿色贷款实时逐笔的统计，为绿色普惠政策执行提供数据支撑。系统数据显示，截至 2023 年 7 月，湖州市企业绿色贷款约 1.3 万笔，金额超 2100 亿元，其中，普惠小微企业绿色贷款的笔数和金额占比分别为 77% 与 50% 左右。

另一方面，创建碳核算中心，助力金融机构精准识别小微企业低碳行为。在"双碳"目标下，为了解决企业尤其是小微企业能耗数据获取难、金融机构投融资业务碳核算难、成本高的问题，湖州整合了统计、电力、生态环保、金融等部门资源，建立分层分类、统一规范的碳排放统计核算体系，支持金融机构查询贷款企业的碳排放数据，支持开展碳信息披露、碳绩效考核、碳预算管理等。目前已为 3 万多家企业建立碳账户，覆盖区域 80% 的碳排放，也为下一步金融机构加大对小微企业低碳转型支持提供了技术支撑。

6.1.4　浙江衢州发布工作方案推进绿色金融与普惠金融融合发展[①]

衢州绿色金融改革将"打造绿色金融与普惠金融融合发展集成示范"作为四大工作目标之一，出台国内首个《绿色金融与普惠金融融合发展试点工作方案》，从机制、标准、平台、政策等方面推动绿色金融与普惠金融融合发展落到实处。

一是形成一套工作机制。成立包括 13 家政府部门和 20 家银行机构在内的工作专班，细化从贷款梳理、绿色识别认定到标准制定、政策配套的责任部门和具体分工，明确阶段性工作目标，为推进试点工作奠定了良好的基础。

二是制定一套监测标准。针对普惠主体绿色行为识别难和识别成本过高的问题，构建绿色普惠金融监测标准。对"小微企业（含小微企业主）、个体工商户、农业经营主体、个人（特别是低收入群体）"四大普惠主体绿色行为开展实践研究，通过对存量普惠小微贷款用途与《绿色产业指导目录（2019）》进行对标，整理普惠主体绿色行为认定标准和依据，探索普惠主体绿色行为纳入绿色贷款的条件，尝试建立符合基层发展实际的绿色普

---

① 本案例由中诚信绿金科技有限公司整理，原材料请参见：中国人民银行衢州市分行. 衢州市积极探索绿色金融与普惠金融融合发展之路［EB/OL］. （2023－06－22）［2024－05－26］. 中研绿色金融研究院，https：//mp. weixin. qq. com/s/Rh8＿BwObxVOj9VuATpB0kA.

惠金融监测标准，为扩大绿色金融支持范围提供依据。

三是识别一批支持主体。将绿色普惠金融监测标准嵌入大数据平台，识别形成普惠主体绿色行为的数据库和项目信息库，实现信息主动更新和金融产品、产业政策的精准对接，有效解决信息不对称问题。

四是建立一套政策服务体系。建立完善的绿色普惠金融政策配套机制和政策保障，推动金融机构加大绿色普惠金融产品的创新开发，形成一套较为完善、具有特色的金融产品服务体系，提高绿色普惠金融的覆盖广度、服务精度和支持力度。例如，江山农商银行探索加大对新型农业经营主体绿色用途贷款的授信额度；中国银行江山支行探索"绿色金融＋普惠金融"复合贷款，在原普惠贷款优惠利率的基础上再让利 14 个基点。

6.1.5　江西赣州探索市县级绿色普惠金融标准的建设及应用①

中国人民银行江西省分行指导赣州市编制绿色普惠金融认定标准，印发《赣州市绿色普惠金融识别目录（试行）》，将绿色金融标准和规则融入普惠金融全过程。创新推动绿色金融助力农村面源污染治理，推进金融支持畜禽粪污资源化利用和无害化处理试点工作，率先在赣江新区创新养殖经营权抵押贷款模式，推出"畜禽洁养贷""畜禽智能洁养贷""链养贷"等创新产品，实现防治污染与发展生产双重目标。截至 2024 年 3 月，赣州市累计发放林业抵押贷款 16.16 亿元，发放湿地经营权抵押贷款 2080 万元，发放"林业碳汇贷"925 万元。

赣州市崇义县已经形成了相关有益探索。在省级和市级金融局、金融办的支持和指导下，崇义县先后印发《江西省崇义县绿色金融改革实施方

---

① 本案例由中央财经大学绿色金融国际研究院提供，部分原材料请参见：江西：推动绿色金融与转型金融融合发展见成效［EB/OL］．（2023－10－12）［2024－05－28］．中国人民银行，http：//www．pbc．gov．cn/goutongjiaoliu/113456/113475/5094200/index．html．赣州市积极发展绿色金融［EB/OL］．（2024－04－02）［2024－06－05］．赣州市人民政府，https：//www．ganzhou．gov．cn/zfxxgk/phjr/202404/3870407e0b7d4588ac7570774df3ce96．shtml．

案》和《崇义县绿色金融助推林业发展实施方案》，并对普惠金融改革先行先试。同时，崇义县推出"农业产业振兴信贷通"等多款绿色普惠金融产品。截至 2023 年初，崇义县累计发放绿色贷款 1.07 亿元，惠及农户 731户。由政府和企业创设"绿色产业融合发展信贷通"并提供 5000 万元风险保证金，撬动 4 亿元银行信贷资金。此外，针对本地农业农户先后推出"气象指数保险""生态环保商业保险""特色农业保险"，累计提供风险保障金额超 2700 万元。另外，崇义县在普惠金融服务中心设立"两山价值转化平台"和"湿地收储平台"，为企业提供征信查询、信贷保险、政策咨询、企业路演、林权抵押担保等服务。

6.2　金融机构实践案例

6.2.1　农业银行以农业农村为重点推进绿色金融与普惠金融协同发展[①]

农业农村是绿色金融与普惠金融融合发展的重点领域之一。近年来，农业银行坚守"三农"基本定位，聚焦粮食安全、乡村产业发展、宜居宜业和美乡村建设等重点领域，将绿色信贷下沉到"三农"普惠领域，持续提升绿色金融支持农业农村绿色发展的服务质效。

在支持国家粮食安全方面，农业银行围绕种业振兴、粮食全产业链、耕地保护建设、农机装备升级等重点领域，积极创新绿色金融产品，探索有效服务模式。与多家种业阵型企业签订合作协议，对种业阵型企业、种业科创企业实施名单精准服务。甘肃省分行创新"产业振兴贷"服务模式，批量满足中小种业企业金融需求，提高业务办理效率。积极推广"植物新

---

① 本案例来自中国农业银行官方网站。

品种权质押贷""河西走廊种业贷"等区域特色产品。推出"农机贷"金融服务方案，针对农机产业链各主体金融需求，提供"线上 + 线下"一揽子服务和产品包。出台高标准农田专项信贷支持政策，在江苏、安徽、湖北等省分行开展支持高标准农田建设融资试点。

在支持乡村特色产业方面，农业银行坚持立农为农，聚焦乡村产业绿色发展，出台粮食、渔业、畜牧业等系列涉农行业信贷政策，助力构建绿色低碳循环的农业产业体系。加大对林业产业支持力度，研发智慧林业场景，推动乡村绿色产业融合发展。农业银行聚焦国家农业绿色发展先行区和农业现代化示范区建设，与农业农村部、中国石化联合印发《关于支持国家农业绿色发展先行区建设促进农业现代化示范区全面绿色转型有关工作方案的通知》，出台专项政策，优化金融服务，助力打造国家农业绿色发展示范区。

在支持和美乡村建设方面，农业银行出台《中国农业银行宜居宜业和美乡村建设服务方案（2023—2025 年)》，落实农业农村减排固碳相关金融服务方案，持续强化乡村公共基础设施建设、农业农村减排固碳、城乡融合发展等领域金融服务。持续优化推广乡村人居环境贷专项产品，积极支持农村厕所革命、农村生活污水治理、农村生活垃圾治理和村容村貌整体提升等重点领域，助力改善乡村人居环境。创新产业融合发展服务模式，推出"美丽乡村 + 产业园区""美丽乡村 + 农文旅融合"等产品，支持人居环境整治与产业协同发展。

6.2.2　工商银行湖州分行关注重点普惠群体的绿色需求①

工商银行湖州市分行结合区域经济特点和小微企业融资需求，按照"产业兴旺、生态宜居、乡风文明、治理有效、生活富裕"的总要求，推动

---

① 本案例由工商银行湖州市分行供稿。

发展普惠业务发展。同时，工商银行湖州市分行围绕"一条主线、五个机制、N 个产品"，建立绿色金融服务体系，在促进产业绿色转型、优化能源结构、支持污染防治、保护生态环境、应对气候变化方面开展了积极的工作，金融助力绿色发展取得一定成效。截至 2023 年 12 月，全行普惠贷款余额为 146.32 亿元，较年初新增 34.31 亿元。绿色贷款为 343.5 亿元，较年初新增 121.2 亿元。此外，工商银行湖州市分行绿色金融业务部和普惠业务部共同牵头，在绿色普惠领域开展了探索实践。

工商银行湖州市分行以涉农企业、新型农业经营主体和中小微企业为突破口，通过识别其绿色供应链、绿色标志、企业绿色资质等特征，解决单个主体绿色活动难识别和识别成本过高的问题。一是加大对新型农业主体融资支持。用金融科技新手段，推进"三农"信贷由传统向大数据电子化、网络化发展，丰富农村市场金融产品，推出包括"农户 e 贷""村社 e 贷""农企 e 贷"在内的"兴农贷"系列产品，加大对绿色新型农业经营主体支持力度，拓宽绿色金融服务惠及面。二是丰富绿色普惠金融产品供给。结合农村重大改革试点，开展农村金融产品和服务模式创新。如推动标准田抵押，通过创新担保方式，疏解绿色普惠领域融资堵点，为绿色农业主体提供融资便利。三是关注新业态，促进绿色农业资源转化。立足区域优势，加大新业态、新兴领域金融服务探索，以金融力量唤醒农村闲散、沉睡资源，助推安吉县政府搭建"竹林碳汇交易市场"，通过"竹林碳汇金融服务方案"帮助安吉竹农盘活竹林碳汇资产。工商银行湖州市分行通过与碳汇产生端、收储端、用汇端三端分别签署战略合作协议，为安吉竹林碳汇产业发展提供强有力的金融支撑。四是融合绿色金融与普惠金融激励机制。整合绿色贷款优先审批和普惠贷款简化审批措施，实现绿色普惠贷款审批效率优于绿色和普惠贷款。五是完善金融服务乡村网络，减少村民办理金融业务产生的碳排放。

同时，工商银行湖州市分行聚焦供应链和绿色消费等领域延伸绿色普惠金融服务触角。一方面，促进绿色金融支持产业供应链下游的小微企业，拓宽绿色普惠支持范围。截至 2023 年末，工商银行湖州市分行累计已为 5 家核心企业办理线上、线下供应链融资业务，年末贷款余额为 1989 万元。另一方面，加大绿色消费领域金融支持力度。绿色理念的普及会带动全社会提升绿色消费偏好，加大对绿色消费的支持可从需求端推动供给侧绿色改革，倒逼生产者进行绿色转型，比如，提供更多的绿色农产品、绿色建材。

6.2.3　中国银行打造"中银绿色＋"金融产品与服务促进绿色普惠融合发展①

中国银行通过"绿色＋普惠""绿色＋消费"等产品，推动绿色信贷与普惠金融的有机融合和相互促进。

一方面，创新"绿色＋普惠"产品，支持有助于环境改善、应对气候变化、节约且高效利用资源的小微企业和项目。截至 2023 年末，普惠金融绿色贷款余额为 167.37 亿元，增速达 41.69%。例如，中国银行浙江省分行 2021 年末联合相关政府部门推出"惠如愿·碳惠贷"服务产品，实现了与政府系统直连，在客户申请并授权后，可直接采集企业碳效综合评价等多维度数据，并利用自主开发的评分卡有效识别降碳减排优质客户，其中，评分较高的小微企业最高可获得 500 万元纯信用额度。同时，该行以 ESG 挂钩贷款模式，为 ESG 评分较高的小微企业提供一定利率优惠。

另一方面，创新"绿色＋消费"产品，引导消费者增加低碳行为，推动消费端实现绿色转型，带动更多民众选择低碳生活方式。例如，推动绿色低碳借记卡在青海等地首批试点工作，中国银行青海省分行以绿色低碳主题借记卡为载体，依托手机银行 App 绿色账户权益平台搭建"账户＋权

---

① 本案例来自《中国银行 2022 年绿色金融（TCFD）报告》《中国银行 2023 年度社会责任报告》。

益"服务体系,将绿色产业升级与绿色消费升级相结合,围绕个人客户"衣、食、住、行"及延伸领域,鼓励居民培养绿色低碳生活方式。截至2023 年末,累计带动约 48 万人次践行绿色低碳行为。又如,中国银行联合厂商推出多样化零息、低息补贴产品,以及低月供的灵活还款产品,降低购车金融成本;加强从驻店收单、审批到放款全流程协同支持保障,建立高效服务的绿色业务渠道。截至 2023 年末,新能源汽车分期应收余额为344.64 亿元,较年初增长 105.06%。

6.2.4　建设银行重庆市分行打造绿色普惠"客群批量拓展 + 统一标准认定"新模式①

建设银行总行与重庆市分行支持重庆市绿色金融改革创新试验区建设。2022 年 4 月,在重庆申报绿色金融改革创新试验区的冲刺阶段,建设银行总行在同业中率先将重庆市分行设立为总行级绿色金融试点行,在专职机构设置、专业队伍建设、考核激励政策、产品服务创新等方面提供差别化政策支持。2022 年 8 月,重庆市绿色金融改革创新试验区正式成立后,在总行的全力支持下,建设银行重庆市分行快速落实多项政策举措,持续优化绿色金融体系,大力推进与市政府在绿色金融领域的战略合作。例如,建设银行总行与重庆市政府签订《推动绿色金融改革创新试验区建设战略合作协议》;建设银行重庆市分行出台《支持试验区建设工作方案》等,明确对接试验区建设、推动战略合作的政策、目标、任务、实现路径和保障措施。

建设银行重庆市分行高度重视绿色金融与普惠金融、乡村振兴、金融科技的融合发展。针对绿色普惠特定客群整体需求,挖掘绿色普惠客群特

---

① 彭定锐. 建设银行重庆市分行:绿色金融改革实现新跨越 交出支持绿色发展漂亮答卷［EB/OL］.（2023 – 10 – 16）［2024 – 06 – 15］. 重庆日报网,http://cq. people. com. cn/n2/2023/1016/c367643 – 40605452. html.

征实施批量拓展，以统一标准进行绿色信贷认定，并搭建合作机构—银行—客户三方共享的服务平台，实现"银行端通过合作机构采集客群数据批量导入→客户通过"惠懂你"App 线上申请→系统自动审批→绿色普惠贷款支用"的绿色普惠"客群批量拓展 + 统一标准认定"的线上业务新模式，推出潼南"花椒 E 贷""正大经营贷""农担 E 贷"等系列定制化绿色普惠产品，开辟绿色金融、普惠金融、数字金融融合发展的新路径。

6.2.5　邮储银行从顶层设计、制度建设、产品创新层面推动绿色普惠融合发展[①]

邮储银行强化绿色普惠金融业务顶层设计。总行党委、董事会审议通过《中国邮政储蓄银行落实碳达峰碳中和行动方案》《中长期发展战略纲要（2019—2025 年）》《邮储银行"十四五"规划纲要》《绿色信贷发展规划》等重大决策部署，明确建立一流绿色普惠银行、气候友好型银行和生态友好型银行。

邮储银行优化绿色普惠融合发展的政策制度。一是制定"绿色金融和气候融资授信政策指引"。提出"发挥普惠金融特色，完善政策制度体系，推动普惠金融与绿色金融融合发展""加大'三农'、小微企业、消费领域绿色金融支持力度，做专、做优、做强绿色普惠金融"。二是制定《碳达峰碳中和暨绿色金融工作要点》，要求研发推广适合"三农"、城乡居民、中小企业特点的绿色普惠金融产品，形成多元化、完整的绿色普惠金融产品体系，突出邮储银行零售绿色金融产品特色。三是印发《小企业绿色普惠金融服务工作方案》，明确严格落实党中央、国务院关于碳达峰碳中和、普惠小微企业等工作的重要决策部署，推动普惠金融和绿色金融融合发展，积极进行战略性新兴产业的绿色金融自主产品创新。

[①]　本案例来自网络公开资料。

邮储银行健全绿色普惠金融的激励约束机制。从绩效考核、信贷规模、经济资本、内部资金转移定价（FTP）、内部审计等方面，建立"考核、优惠、引导、审计"四位一体的奖惩机制，大力支持绿色普惠金融发展。在绩效考核方面，将绿色贷款占比、绿色贷款增速、绿色融资增速等指标纳入一级分行经营管理绩效考核及总行三农金融事业部、小企业金融部、消费信贷部、信用审批部等相关部门平衡计分卡指标考核。在信贷规模方面，设置绿色信贷专项额度，对绿色"三农"、绿色消费等绿色贷款、绿色债券在 FTP 方面给予一定优惠。针对单户授信 1000 万元以下的普惠型小微企业的绿色信贷，可累计获得减点支持。在经济资本方面，符合监管标准的绿色"三农"、绿色小微企业、绿色消费等绿色金融业务降低经济资本调节系数。在内部审计方面，每年选取一批分行开展绿色信贷专项检查，三年完成全部专项检查。

邮储银行建立完善的绿色普惠产品创新机制。建立以总行研发为主，鼓励各分行积极创新的绿色普惠产品研发体系。目前已研发多款总行级与分行级绿色普惠金融产品，进一步扩大了绿色普惠的服务客群。截至 2023 年 12 月末，小企业条线绿色贷款结余超过 280 亿元，增速将近 28%。例如，总行层面聚焦节能制造、清洁能源、资源循环利用、城乡环境改善等领域，创新了水电抵押贷、垃圾处理贷、污水处理贷、节能环保科技贷等产品。又如，邮储银行宜昌市分行为推动船舶制造及航运企业向绿色转型，积极响应 2020—2026 年宜昌市政府绿色船舶发展规划，针对辖内船舶制造行业和船舶运输企业特点，创新特色服务和模式，截至 2024 年初，邮储银行宜昌市分行针对船舶行业的贷款累计发放 2.1 亿元，结余 18 户共 1 亿元。再如，邮储银行福建省分行自主创新了节能服务收益权质押贷款，与福建省工信厅合作，在全国同业中率先推出专门针对节能服务公司的贷款产品，通过与用能单位签订的合同能源管理①协议，以及所产生的未来收益分成确定融资金额。

6.2.6 兴业银行三明分行强化林业领域普惠群体的绿色金融服务创新②

2019 年底，福建省三明市在全国率先探索"林票 1.0"改革试点，2024 年初，在充分吸收"林票 1.0"探索实践基础上，开展森林资源要素化、资本化、金融化的创新研发，打造了一种创新性的林业资产凭证——林业生物资产票据（林票 2.0）。"林票 2.0"作为一种创新性的资产凭证，不仅可以在产权交易场所进行交易、流转，并向银行质押贷款，还可以由金融机构或资产管理机构通过信托计划或资管计划认购。兴业银行三明分行积极进行绿色金融产品创新，将林业生物资产票据认定为可接受押品，实现金融资源与森林资产的有效衔接。2023 年，三明分行与沙县区国有林场有限公司签约，向其授信 800 万元额度，这也是全国首单林业生物资产票据质押授信。同时，为丰富中小企业线上融资应用场景，满足中小企业简便、快捷的线上融资服务需求，2024 年 8 月，兴业银行三明分行向总行申请创设兴速贷（三明"林票 2.0"专属）产品，为符合条件的三明市中小企业提供线上融资服务。

同时，为更好地解决林下养殖企业融资需求，兴业银行三明分行通过"摄像头直连 + 云端 AI 盘点"，在福建（大田）银顶农业科技有限公司落地全省首单生物资产数字化监管平台 3.0 版本抵押贷款；通过国猪高科在期货市场进行生猪远期保价，锁定未来生猪销售价格，三明分行在永安市易

---

① 合同能源管理（Energy Management Contract，EMC）是一种新型的市场化节能机制，其实质就是以减少的能源费用来支付节能项目全部成本的节能投资方式。

② 兴业银行三明分行上半年绿色贷款增幅 17.88%. 中新网福建［EB/OL］.（2024 – 08 – 07）［2024 – 09 – 05］. https://www.fj.chinanews.com.cn/news/2024/2024 – 08 – 07/551912.html.

猪农业发展有限公司落地全国首单中小型家庭农场"保险 + 期货"订单农业融资业务。目前,三明分行深耕禽畜养殖行业,全覆盖对接区域内存栏 1 万头以上的 49 家生猪养殖企业以及存栏 60 万羽以上的 16 户家禽养殖企业。截至 2024 年 6 月末,兴业银行三明分行已支持林下禽畜养殖企业 12 家,给予授信支持 1.71 亿元,助力构建养殖行业绿色生态体系。

6.2.7　江苏银行加强机制建设推进绿色普惠发展①

江苏银行全面推进绿色金融与普惠金融业务融合发展,在推动普惠金融过程中坚持绿色发展方向,在绿色金融发展中推动普惠金融量质效协同发展,为实现"双碳"目标贡献金融力量。聚焦减污、降碳、节能三大领域,重点服务好生产经营活动遵循绿色标准、从事绿色技术创新和绿色升级的小微企业,加快推动绿色普惠金融业务扩面增量,积极开展绿色普惠产品创新和渠道拓展,强化金融科技支撑,健全风险控制体系,提升绿色普惠业务竞争力。

制定绿色普惠业务发展目标。在短期内,制定包括绿色普惠信贷增长规模、增速等业务发展目标。在中长期内,制定绿色普惠品牌建设、业务余额稳定提升、平均增速等持续性发展目标。

加强机制建设。一是强化制度建设,印发《江苏银行加快推动绿色普惠金融业务发展的指导意见》,明确发展目标及工作举措。二是强化考核激励,将绿色普惠加入条线及竞赛考核,给予竞赛专项奖励等政策支持,提升基层积极性。三是强化培训指导,通过线上和线下相结合的方式进行政策传导和功能培训,提高员工发展绿色普惠的专业技能。

推动数智改造。一是建立绿色普惠认定流程,绿色普惠认定实现小微业务全品类覆盖和全流程支持。二是上线自动认定模型,实现绿色产业及

---

① 本案例由江苏银行提供。

融资统计目录自动映射，有效提升匹配的精准度。三是加强客户分层管理，符合双绿标准的客户自动认定，单绿标准的客户提示认定，其他业务人工选择认定，提升业务办理效率。

创新产品服务。加强产业研究，围绕"减污、降碳、节能、扩绿"四大重点领域，结合区域行业分布和产业链集群加强分析研究。探索"绿色+农业"融合发展，将绿色农业信贷纳入乡村振兴综合评估，结合区域特点创设产品，重点支持生态低碳农业发展及农业面源污染治理。如推出"绿色农业发展贷"产品，服务高邮市"中央农作物秸秆综合利用产业模式县建设项目"。有效促进当地秸秆综合利用产业发展，形成区域特色和市场口碑。2022 年高邮市秸秆离田收集能力达 39 万吨，较上年提升 39%，秸秆离田产业化利用率达 60% 以上，比上年增加 1 倍。

6.2.8 上海银行推进银企共筑绿色普惠担保贷[①]

上海银行发布的《2022 年度环境信息披露报告》提出，确定"生态农业、节能服务、绿色交通"三大绿色普惠发展方向，推广惠农贷、合同能源贷、新能源车贷产品。

上海银行依托合同能源贷特色产品，为小微企业上海麟祥环保股份有限公司提供合同能源贷款，用于上海市某区行政服务中心节能改造项目。该项目是上海市公共机构领域首个按照《合同能源管理技术通则》新国家标准在执行的能源托管型项目。

上海银行在 2023 年举办的碳博会上，联合上海市融资担保中心、申能碳科技公司共同推出上海市首个绿色普惠担保贷款。抚佳化工、海隆赛能、奥迪菲环境作为首批客户，与产品推介方共同签订意向合作协议。该项贷

---

① 本案例由中诚信绿金整理，原材料请参见：上海银行股份有限公司《2022 年度环境信息披露报告》；上海银行亮相首届碳博会：绿色金融赋能高质量发展，与城市和谐共生 [EB/OL]. (2023 - 06 - 12) [2024 - 07 - 11]. https://mp.weixin.qq.com/s/cOsbiZFhMb00aV5u - ETYKA.

款产品面向上海地区绿色低碳产业领域的中小微企业、碳资产持有企业。上海银行协同申能碳科技公司共同助力中小微企业培育碳资产管理能力，以政策性担保资源为支点，为碳资产持有人提供增信，极大地提高了碳资产的流动性，打通了碳资产开发、流转、变现的路径。

6.2.9　湖州银行将 ESG 理念引入绿色普惠评价体系①

湖州银行利用"绿色金融 + 大数据"思维，围绕自身定位及当地产业特征，创新搭建包含企业碳表现的适用于小微企业的 ESG 评价指标体系，并将 ESG 评分纳入信贷客户"违约率"模型，在提升对信贷客户履约能力预判的同时，将信贷政策与客户碳减排表现挂钩，引导金融资源向绿色低碳发展领域倾斜。

一是融入尽职调查环节。运用模型的大数据画像功能，揭示客户存在的风险点，并对各个风险点进行现场的重点调查和分析，提高尽职调查的质效。同时，将 ESG 评价结果作为企业准入的前置条件，对评价结果为 D 等的客户不予准入，引导小微企业走绿色发展道路。

二是融入利率定价环节。将模型结果作为贷款风险溢价的因子，与企业贷款执行利率挂钩，根据得分的高低，将 ESG 评价结果划分为 5 档，每提高 1 个档次平均给予 10 ~ 20 个基点的利率优惠政策，如 1000 万元贷款每年最多可节省利息支出约 10 万元，激励小微企业低碳化转型。

三是融入贷后管理环节。模型嵌入该行现有的绿色信贷管理系统，每月一次定期跑批和测算，及时发现信贷客户发生的不利变化，对评价得分出现明显下降的企业及早进行风险预警提示，做好前置的风险管控。

---

① 本案例由湖州银行提供。

6.2.10 网商银行创新供应链支持绿色普惠金融①

网商银行成立于 2015 年 6 月，是由蚂蚁集团发起，银保监会批准成立的中国首批民营银行之一。网商银行成立之初便运用金融科技方式，全力打造"小微的首选银行"。围绕小微企业融资需求，网商银行创新推出针对小微供货商、小微经销商、小微电商及小微投标商的系列产品。

网商银行在 2021 年推出首款绿色供应链金融产品"绿色采购贷"，该产品对绿色核心企业及其供应链下游的小微经销商进行融资贷款，鼓励小微经销商向更绿色、更环保的企业采购绿色商品与服务。网商银行已与海尔集团、箭牌家居、三棵树、台铃等超过 130 家绿色核心企业达成合作，覆盖家电、家居、二轮电动车等行业，累计提供超 300 亿元贷款支持，服务了超过 2 万家小微企业。

此后，网商银行扩展供应链金融服务范围，提升服务深度。在 2021 年"双十一"期间，网商银行向天猫电商客群中销售绿色商品的商户推出绿色"零账期"服务，帮助小微电商主体快速收回销售货款。2022 年，网商银行推出面向建筑行业小微供货商的"绿色供货贷"。网商银行与中国建筑旗下产业互联网公司云筑网合作，基于绿色商品采购合同向建材厂商及供应商提供的信用贷款。"绿色供货贷"是国内民营银行首次为建筑行业供应链上游小微企业提供的一款绿色供应链贷款产品。此外，小微企业如果能够中标参与符合《绿色产业指导目录（2019 年版）》的绿色项目，可以获得额度更高的绿色中标贷，缓解资金周转难题（见表 6 - 2）。2022 年上半年，网商银行共为污水处理、人居环境整治、美丽乡村建设、土地保护等 191 个绿色项目中标小微企业授信，小微企业最高可申请中标金额 30% 的信贷。

---

① 本案例由网商银行提供。

表 6 - 2　　　　　　　　　　　网商银行案例

维度	服务对象	要素	绿色认定	风险管理制度
绿色中标贷	小微投标商	供应链产品	基于《绿色产业指导目录（2019年版）》；网商银行与小微投标企业合作，如果能够中标参与符合《绿色产业指导目录（2019年版）》的绿色项目，可以获得绿色中标贷，缓解资金周转难题	• 网商银行是国内第一家将云计算运用于核心系统、将人工智能全面运用于小微风控、将卫星遥感运用于农村金融、将图计算运用于供应链的银行 • 网商银行推出基于数字技术的供应链金融方案"大雁系统"，实现了3分钟申请、1秒到账和0人工干预 • 对于绿色核心企业，网商银行建立了一整套风控体系。一是加强对核心企业所处行业发展前景的研判，及时开展风险预警、核查与处置；二是加强对核心企业经营状况、核心企业与上下游链条企业交易情况的监控，分析供应链交易的历史交易记录；三是建立全面的风险控制体系，根据供应链金融业务特点，提高事前、事中和事后各个环节风险管理针对性和有效性，构建风控技术模型和动态的信贷额度管理决策体系 • 与第三方（如公众环境研究中心、天津排放权交易所）合作为节能减排项目提供全产业链服务 • 进行内部审计监督
绿色供货贷	小微供货商		基于绿色商品；网商银行和云筑从招采大数据、项目供应链大数据库中快速识别出核心企业、基于绿色商品采购合同对上游建材厂商及供应商提供的绿色信用贷款	
绿色采购贷	小微经销商		基于绿色核心企业；网商银行与第三方独立权威机构开展合作，依据科学方法对绿色核心企业进行综合评估，如果核心企业被认定为绿色企业，那么向其采购产品的下游经销商可以享受网商银行提供的绿色采购贷款	
绿色"零账期"	小微电商		基于绿色认证产品；网商银行鼓励电商平台卖家销售绿色商品，通过绿色"零账期"帮助销售绿色商品的电商平台卖家快速获得货款	

资料来源：《供应链金融支持绿色金融与普惠金融融合发展研究报告》。

6.2.11　安吉农商银行建立绿色普惠战略体系[①]

安吉农商银行作为根植地方的小法人金融机构，受地方小法人定位、经营范围等影响，绿色普惠群体的信贷总量无法达到国有银行或商业银行

① 本案例由安吉农商银行提供。

的规模效应，同时小法人银行绿色金融方面专业力量薄弱、数字化程度欠缺、创新能力弱、激励措施有限等，也在一定程度上制约了其绿色金融的发展。

基于此，安吉农商银行明确自身角色定位，立足绿色普惠服务架构（见图6-1），以打造"绿色普惠标杆行"为战略目标，从绿色普惠机构、绿色普惠管理体系与绿色普惠业务等方面入手，构建绿色普惠战略体系，探索绿色金融体系建设与运营，实现客户和业务的绿色化转型。

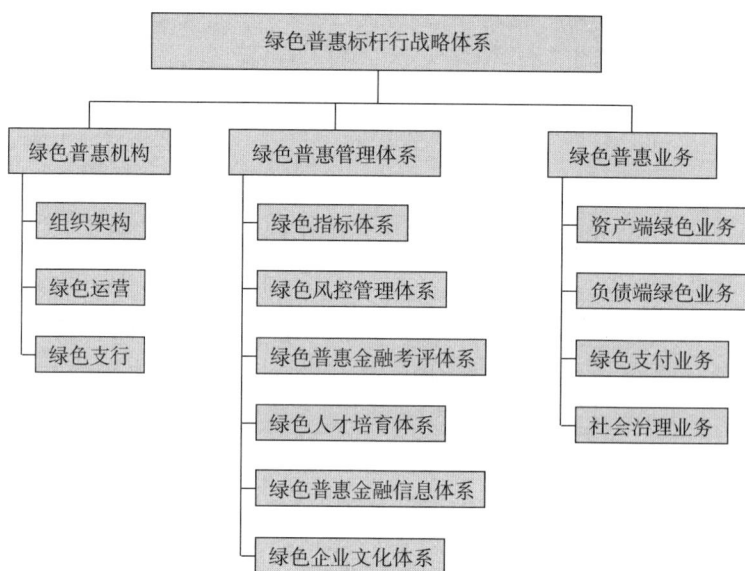

图6-1 安吉农商银行绿色普惠标杆行战略体系

（资料来源：安吉农商银行）

一是建设绿色普惠金融机构。搭建"绿色"元素管理总链条，在董事会层面设立战略（三农、绿色金融）委员会，在高级管理层层面设立绿色金融工作领导小组，在组织实施层面由总行成立绿色金融事业部，在基层创建绿色支行、配备绿色金融产品经理，形成绿色普惠金融完整架构。坚持按照"多样化、特色化、便利化"原则，结合属地乡镇特色产业创建绿色支行，同时启动"碳中和"银行建设，对内从网点机构节能改造、清洁能源采用、低碳运营、"碳中和"宣教中心创建等方面开展内部"碳中和"建设，带动全行所有机构绿色低碳转型发展。

二是建设绿色普惠管理体系。以国家绿色产业目录为指引、结合地方产业经济实际，制订绿色普惠战略定位实施方案、实施绿色普惠金融"三四五"工程，探索小法人银行绿色普惠金融评价与服务的标准化体系，创建"绿色普惠信贷实施要求""绿色农业贷款实施规范"两项地方标准。建立"5+4+1"绿色风险管理体系，确保绿色普惠信贷资产质量稳中向好。建立长效的考核机制，明确绿色普惠金融的发展与高级管理层和员工绩效考核挂钩；引进 FTP 绿色定价机制，形成独立的绿色普惠金融考核体系，明确定量与定性考核指标相结合，按季通报、定期考核。实施绿色金融全员培养计划，引进绿色金融专业领域专家及行社内训师开展专业指导培训；建立符合小法人银行发展需求的分层培养机制，以"专业提升、分级考评、逐级递进"为原则，实施"线上＋线下"联动培养模式。依托大数据平台，积极开展政府资源联动，与市场监管、农业农村、环保等 17 个政府部门建立战略合作关系，建成绿色信息共享平台，有效整合归集全县近 6 万户企业、个体工商户、专业合作社、家庭农场等经营主体的环境处罚、安全生产奖惩等方面超 16000 条绿色信息，为企业信贷的绿色评级及精准便捷投放提供有力的技术支撑。

三是创新绿色普惠业务。开发资产端绿色业务，聚焦县内产业特征，推出绿色乡村、绿色农林等 6 大系列绿色产品，创新"碳中和"助力贷、竹林碳汇贷、美丽乡村贷、两山农林贷、两山白茶贷、两山乡居贷、锅炉改造贷、绿色工厂贷、绿色信用贷、农房绿色建筑贷等系列 23 款绿色普惠单品充实 6 大系列内涵，率先探索绿色同业市场，发行湖州市银行业首单绿色金融债。开发负债端绿色业务，以绿色公益场景活动作为切入点，针对自然人客户开发"碳惠存"等系列绿色存款以及"富润·安吉"绿色理财产品；采用"线下场景渲染＋线上渠道发行＋增值绿色公益"模式，激发公众参与社会绿色发展的动能。推广绿色支付业务，以搭建传统网点、自助机具、助农服务、电子服务4个层次的渠道平台构建县域电子渠道网络，实现了乡镇全面覆盖、城区广角渗透、村级深度延伸的多层级物理服务渠道。创新社会治理业务，依托原"诚信彩虹"信用工程基础，融合农村信用与人居环境协同发展，创建"绿色信用体系"，提升乡村文明、改善乡村治理，提高绿色普惠金融服务覆盖率。

6.2.12　浙江泰隆商业银行提供特色化的小微企业绿色金融服务[①]

浙江泰隆商业银行绿色信贷业务发展坚持小微市场定位，围绕"建设差异化、特色化的小微企业绿色金融发展模式"目标，不断完善、创新小微绿色金融顶层制度设计，让绿色金融更加普惠、普惠金融更加绿色。

浙江泰隆商业银行于2016年发力绿色金融业务，并于2017年发行15亿元3年期绿色金融债，专门用于小微企业绿色贷款业务。但是小微企业贷款笔数多、单笔金额低，逐笔认定绿色贷款的成本较高。为解决这一问题，浙江泰隆商业银行以《绿色产业指导目录》及人民银行和国家金融监管总局的绿色专项统计制度为基础，提取出3000多个关键词植入信贷系统，建立"小微绿色识别系统"，便于客户经理通过关键词检索的方式，快速判断相应业务是否属于绿色信贷，并通过后台审核确保准确性。这一举措使浙江泰隆商业银行的绿色贷款业务得到快速增长，并有效减轻了基层工作负担。截至2024年年中，浙江泰隆商业银行绿色贷款户均规模120万元、贷款户数突破2万户、贷款笔数近2.5万笔，业务特征呈现"额小、面广、笔数多"的特点。2021—2023年，绿色贷款户数增长64%，贷款余

---

① 本案例由浙江泰隆商业银行提供。

额增长 256%。

在绿色供应链金融方面，浙江泰隆商业银行将重心放在商贸流通业、养殖行业及建筑行业，因"行"制宜地在其中加入供应链因素。利用上游的制造企业数据，按适当折扣比例延伸至商贸流通企业。但对于本身属于高污染、高耗能或有环境处罚记录的企业的贷款申请在准入端即会被拒绝。

在产品方面，浙江泰隆商业银行面向具有环境正面效益、贷款资金实际用途符合行内绿色信贷业务认定标准的小微客户推出绿色信贷专属产品"长青贷"，服务地方绿色发展，助力地方传统产业绿色改造转型。"长青贷"的贷款额度以 500 万元（含）以下为主，贷款利率将参考各分行一般贷款利率矩阵进行适当下浮。

在激励政策方面，浙江泰隆商业银行每年出台《绿色金融发展指导意见》，明确当年绿色金融产品创新、客群开拓等绿色相关活动激励政策，并向各分行下达绿色信贷发展目标和考核办法。由于浙江泰隆商业银行以普惠客群为主，因此，绿色相关的激励和考核均可适用于普惠客户。在资金成本端，对普惠小微主体设置 20 个基点的调节项，鼓励客户经理开拓普惠小微客群，引导机构将总行下拨的政策性贷款资金或低息资金优先用于绿色信贷。

6.2.13 汇丰银行推行可持续发展理念与相关服务[①]

汇丰银行积极寻求与政府、企业和非营利组织等多方的跨界合作，以整合各方资源，共同推动实现可持续发展目标。在普惠金融方面，汇丰银行认为量大面广的中小微企业是稳定经济增长和促进就业的重要力量，通过推出普惠金融专项基金，汇丰银行以更加务实的方式解决小微企业融资

---

① 本案例由中央财经大学绿色国际金融研究院提供。

难题，积极扩大普惠金融覆盖面，协助增强实体经济的韧性。

在战略目标设定方面，汇丰银行将净零碳排放目标作为集团四大策略支柱之一，致力于在 2030 年之前实现自身运营和供应链的净零排放、在 2050 年之前实现融资净零排放。汇丰银行将绿色金融业务作为战略重点，在制定信贷政策、完善组织架构、健全绿色金融信息披露制度等方面践行可持续发展理念，将 ESG 体系全面纳入公司和产品级别的评价管理。在公司层面，团队严格审查利益相关方的环境、社会和治理能力，包括其环境、社会和管理资历、资源、运营流程、政策、监管和对投资者的透明度。在产品层面，评估的重点是确保资金真正体现了对环境、社会和治理的承诺。

在产品创新方面，汇丰银行于 2021 年 1 月推出"绿色贷款"计划，以鼓励企业变得更加可持续，并帮助资助绿色活动以满足客户对环保产品和服务的需求。同年 11 月，汇丰银行英国分行宣布推出 5 亿英镑的绿色中小企业基金（Green SME Fund），作为其支持中小型企业转型和在低碳经济中蓬勃发展的承诺的一部分。这是汇丰全球承诺在未来 10 年为客户提供 7500 亿美元至 1 万亿美元融资和投资的延续。该基金适用于年营业额不超过 2500 万英镑的企业，并将为投资绿色活动的中小企业提供 1% 的贷款返现，贷款金额不低于 1000 英镑。这是英国首个面向小企业的绿色返现方案。为了符合返现条件，融资方必须提供证据表明贷款资金的使用符合汇丰的绿色活动资格标准，并已由国际永续评鉴机构 Sustainalytics 独立审核。

各地的汇丰银行依据地区特性，针对具体需求，出台更具针对性的产品与服务。2022 年 3 月，汇丰中国推出 10 亿元普惠金融专项基金支持小微企业。通过信贷审批绿色通道、融资价格优惠等举措，为小微企业提供精准融资支持，助力小微企业应对疫情挑战、实现稳步增长。

汇丰持续提升数字化服务能力，积极探索、创新普惠金融模式。例如，利用大数据和光学字符识别（Optical Character Recognition，OCR）技术，优化小微企业账户开立过程的服务体验和效率。此外，汇丰银行的智慧供应链融资模式，建立在买卖双方交易数据的基础上，作为主要授信审核依据，高效地满足供应链上小微企业的融资需求。

6.2.14　荷兰联合银行应用科技赋能绿色农业金融服务[①]

作为全球食品和农业市场的参与者，荷兰联合银行拥有庞大的客户基群，与当地多数农户组织保持着友好的合作关系。2020 年初，荷兰联合银行与相关农业组织合作，面向亚非、南美等地区的小农户推出了 Acorn 计划，提高了树木生物量和碳储存量的估算质量。截至 2024 年 9 月，Acorn 计划已累计发行了 31.4 万个碳消除单位（Carbon Remove Unit，CRU），推动当地农户向可持续农林业平稳过渡，进一步改善土壤质量、增加农业产量并有效应对气候变化。

一是开展农户培训，普及碳储存相关知识。为农户解释计划内容、项目预期及碳储存、碳交易的概念，阐明具体的运作方式及参与个体的直观收益，鼓动农户植树造林，形成人人参与的"自愿碳市场"。

二是开展数字化测绘，确定农田范围。对农田进行数字化测绘，确定并划分各农户土地的数字边界。

三是开发碳汇模型，估算碳储存量。针对特定的生态区域，通过卫星图像监测技术提取理想的无云图像，再结合图像利用卫星数据预处理方法估算特定区域的碳储存量（见表 6-3）。为提高估算结果的准确性，荷兰联合银行还将对抽样地区进行定期测量，用以校准估算的碳汇数据。

四是销售碳汇单位，提高农户收入。根据种植树木所吸收的碳储存量，

[①]　本案例由中国人民银行台州市分行提供。

按比例发行碳汇单位并销向环境效益较好的可持续发展企业，用以抵消其无法减排的碳足迹，其中销售收益的 80% 将流向对应农户，在发展小农经济的同时支持了环境保护。为确保碳汇交易的稳定性和可持续性，荷兰联合银行将严格限制企业的碳汇购买量，禁止企业通过购买碳汇抵消自身绝大部分的排放，同时始终保留一定的碳信用额度，用以缓冲产量不佳的年份。

表 6 – 3　　　　　　　　　　　卫星数据预处理方法

数据来源	应用方式
多光谱卫星信息	利用欧洲空间局的多光谱成像卫星，每 5 天对赤道地区进行 13 个光谱波段的采样，以此监测和检测土地变化。通过多个派生参数①增加模拟生物量的性能，以此验证样地上的植被存在和植被变化
激光雷达	激光雷达技术利用激光光束创建地球表面或物体的三维表示，并以此验证特定区域生物量和碳量的真实数据
卫星	欧洲空间局的 Biomass 卫星和 NISAR 卫星利用特定波段合成孔径雷达，可分别用于估算密集植被和低密度植被中的生物量和碳量，两者相辅相成完成对整个森林中碳储存量的估算

资料来源：中国人民银行台州市分行根据公开资料整理。

6.2.15　金融支持中小企业可持续发展的其他国际实践②

6.2.15.1　韩国中小企业银行面向中小企业推出可持续发展优惠贷款

2022 年，韩国中小企业银行（Industrial Bank of Korea，IBK）与大韩商工会议所（KORCHAM）联合推出了 ESG 杰出管理贷款（Loan for Suc-

---

① 包括归一化差异植被指数、吸收光合有效辐射的比例和叶面积指数。
② 本节三个案例由 UNDP 提供，原材料请参见：OECD（2022）. Financing SMEs for Sustainability：Drivers，Constraints and Policies. OECD SME and Entrepreneurship Papers，No. 35，OECD Publishing，Paris，https：//doi. org/10. 1787/a5e94d92 – en；The Green Outcome Fund. Available at https：//thegreenoutcomes-fund. co. za/about/。

cessful ESG Management）。该产品旨在引导中小企业积极将 ESG 原则纳入其管理实践。这是首个在韩国推出的可持续发展挂钩贷款（Sustainability Linked Loan，SLL）产品。为符合资格，申请参与的公司将接受 ESG 差距评估和咨询。根据评估结果，它们将被要求设定关键绩效指标（Key Performance Indicators，KPIs）和可持续发展绩效目标（Sustainability Performance Targets，SPTs），并将其提交给大韩商工会议所。在确认参与公司的 ESG 绩效水平后，大韩商工会议所出具不同等级的 ESG 评估确认书。基于此，韩国中小企业银行（IBK）将提供最多 1 个基点的利率降低。展期时，公司需要提交贷款延期申请和公司的 KPI 和 SPT 绩效，利率将根据公司的 KPI 和 SPT 绩效重新调整（见图 6 - 2）。

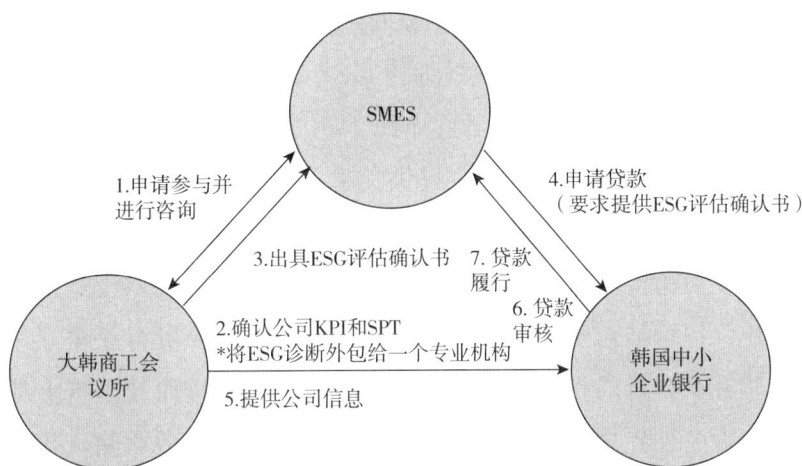

图 6 - 2 ESG 杰出管理贷款流程

（资料来源：UNDP）

6.2.15.2 欧盟投资基金通过公共信用担保机制支持中小企业可持续融资

欧洲投资基金（European Investment Fund，EIF）在 Invest EU 计划下推出了可持续性投资组合担保产品（Sustainability Portfolio Guarantee Product），致力于为投资于欧洲绿色发展和可持续转型的中小企业增加获得债务融资的机会。与市场标准产品相比，EIF 可持续发展担保为金融中介机构提供了优惠条件，例如，金融中介机构为中小企业融资时的担保覆盖率高达 70%，最高交易金额为 750 万欧元。有资格申请担保的是符合要求的可持续企业（如使用清洁相关技术或从欧盟标签计划获得生态标签的企业）或绿色投资（如中小企业在能源效率或可持续材料使用方面的投资）类项目。

6.2.15.3 世界银行在南非设立绿色成果基金

绿色成果基金（The Green Outcome Fund，GOF）是世界银行在南非开展的一项试点倡议，旨在根据环境绩效和绿色经济增长来测试影响力投资基金机制的可行性。该基金由南非国家财政部的就业基金和 Green Cape①于 2020 年 1 月合作成立。该基金规模约为 4.88 亿兰特，包括 0.92 亿兰特优惠资金（grant）和匹配的 3.96 亿兰特私营部门投资。

绿色成果基金向本土投资基金提供优惠资金，而这些基金又将资金分配给对南非绿色经济作出明显贡献的当地中小微企业。具体而言，被投企业需要能产生可验证的绿色成果并创造就业机会。GOF 为本土基金经理提供激励措施，以增加对中小微企业的投资，并在当地投资行业建立一套通用的绿色指标。其目的是实现明确界定的绿色成果，进而鼓励本土基金经理向绿色企业分配更多资金，并促进产生持续不断的绿色影响。基金运行流程如图 6 - 3 所示。

---

① Green Cape 是一家成立于 2010 年的非营利组织，旨在支持南非绿色经济发展。Green Cape 与企业、投资者、学术界和政府合作，帮助释放绿色技术和服务的投资和就业潜力，并支持向有韧性的绿色经济过渡，详见：https：//green - cape. co. za/about - us/。

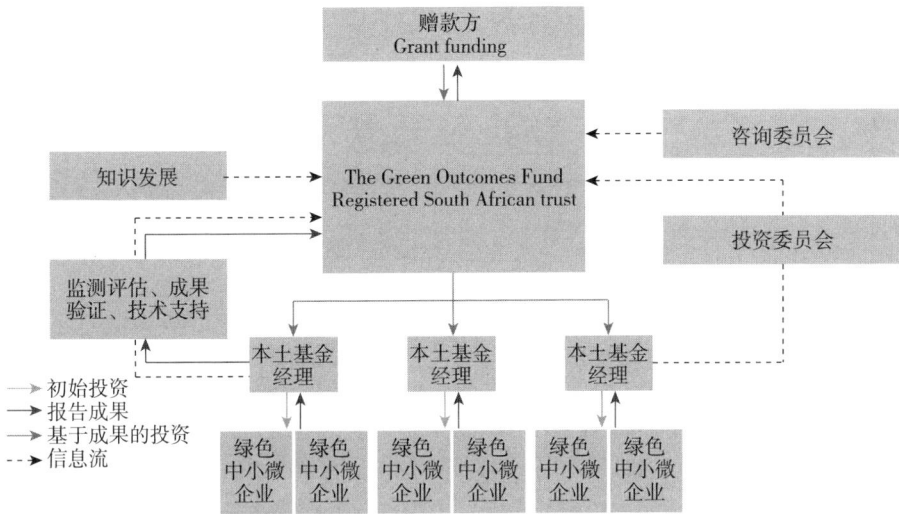

图 6 - 3　绿色成果基金运行流程

（资料来源：UNDP）

后　记

　　2023 年初，中国农业银行联合北京绿色金融与可持续发展研究院以"绿色金融和普惠金融融合发展的政策、标准与实践"为题开展专题研究。本课题也是由中国农业银行牵头成立的中国金融学会绿色金融专业委员会"绿色普惠融合发展工作组"在 2023 年开展的七个子课题之一。课题自立项以来，得到中国农业银行行领导高度重视。中国农业银行党委书记、董事长谷澍对课题立项、成果转化等相关工作进行多次批示。中国农业银行党委委员、执行董事、副行长林立担任课题组组长，多次召开课题开题论证会、中期交流会和成果鉴定会。

　　中国农业银行战略规划部主要负责人王全刚、中国农业银行山东省分行行长刘仁举担任课题组副组长。山东省委金融办分管日常工作的副主任、省地方金融管理局局长陈颖，中国农业银行首席经济学家曾学文，中国金融学会绿色金融专业委员会主任马骏，作为课题组的联合顾问。中国农业银行战略规划部副总经理张海峰，山东省委金融办副主任、省地方金融管理局副局长李坤道，中国农业银行山东省分行副行长马景明，负责全书的组织、审核、成果转化等方面工作。课题组成员包括中国农业银行战略规划部李新祯、张沛尧、何静，中国农业银行山东省分行王杰、李湘、孔祥瑞，北京绿色金融与可持续发展研究院张芳、冷奥旗、沈燕鸿、章璐。

　　在本书组织编写过程中，得到了来自政府部门、金融机构、企业等的大力支持。山东省委金融办服务协调处处长刘晓东、山东省金融运行监测中心主任杨光对本书提出了有益建议。中国农业银行普惠金融事业部副总经理蒋剑平、招商局集团发展研究中心副主任曲保智、中国农业银行信用管理部绿色金融发展处处长刘明伟、邮储银行授信管理部授信政策处处长张明哲、中国人民银行金融研究所副研究员管晓明、浦发银行投资银行部副总经理宋瑞波等专家在课题评审中给予了大力支持。

　　绿金委"绿色普惠融合发展工作组"部分成员机构如贵州省金融学会、中国人民银行台州市分行、中国人民银行湖州市分行、中国农业银行河北省分行、中国工商银行湖州市分行、江苏银行、湖州银行、贵州省农村信用社联合社、安吉农商行、泰隆银行、网商银行、中央财经大学绿色金融国际研究院、蚂蚁集团研究院、大公低碳科技（北京）有限公司、中节能衡准科技服务（北京）有限公司、中诚信绿金科技（北京）有限公司、联合国开发计划署驻华代表处为本书提供了案例或其他素材支持。在此，谨向所有给予本书帮助与支持的单位和同志表示衷心感谢。

　　党的二十届三中全会和中央金融工作会议明确提出"做好科技金融、绿色金融、普惠金融、养老金融、数字金融五篇大文章"。近年来，我国绿色金融和普惠金融均实现了快速发展，如何协同做好绿色金融、普惠金融两篇大文章，实现金融资源的高效配置，是党中央赋予金融系统的职责使命。但相关理论与标准探索尚处初期阶段，各行业、各地区的普惠群体绿色化重点方向存在差异，绿色金融和普惠金融融合发展的标准和政策支撑体系构建具有一定的艰巨性、复杂性，本书仅以工业类小微企业为视角进行绿色行为标准研究，选取代表性行业进行绿色融资场景及模式分析，相关领域仍有大量议题亟待研究，需要持续推进。尽管课题组竭心尽力、数易其稿，但受制于水平和能力有限，编写工作中疏漏和不足之处在所难免，敬请读者提出宝贵意见。

中国农业银行绿色金融研究院
2024 年 11 月